La contribution de la décentralisation au développement local

Études africaines

Collection dirigée par Denis Pryen et François Manga Akoa

Dernières parutions

Amadou OUMAR DIA, *Peuls et paysans. Les Halayɓe de Mauritanie,* 2012.

Sous la direction de Bruno DUJARDIN, *Renforcement des systèmes de santé. Capitalisation des interventions de la Coopération Belge au Burundi, en République Démocratique du Congo et au Rwanda, 2012.*

Hygin Didace AMBOULOU, *Les personnes, les incapacités et la filiation en droit congolais*, 2012.

Brice POREAU, *Rwanda, une ère nouvelle*, 2012.

Calvin Thomas DJOMBE, *Cultures viriles et identité féminine, Essai sur le genre en Afrique subsaharienne*, 2012.

Losseni CISSE, *La problématique de l'Etat de droit en Afrique de l'Ouest*, 2012.

Jessica HAMADZIRIPI, *Poverty eradication in Zimbabwe, Meeting the millennium development goals (MDGs) through home-grown business approaches*, 2012.

Romaric Franck QUENTIN DE MONGARYAS, *L'école gabonaise en questions*, 2012.

Djibril DEBOUROU, *La société baatonnu du Nord-Bénin*, 2012.

Félix NTEP et Lambert LIPOUBOU (dir.), *Repenser le marché de l'Afrique à partir du culturel*, 2012.

Dianguina TOUNKARA, *L'émancipation de la femme malienne. La famille, les normes, l'État*, 2012

Philippe MEGUELLE, *Chefferie coloniale et égalitarisme diola, Les difficultés de la politique indigène de la France en Basse-Casamance (Sénégal), 1828-1923*, 2012.

Hassane GANDAH NABI, *Commerçants et entrepreneurs du Niger (1922-2006)*, 2012

Alphonse MAKENGO NKUTU, *Droit constitutionnel et pouvoir exécutif en RDC (1re et 3e Républiques)*, 2012.

Alphonse NKOUKA-TSULUBI, *50 ans de politique extérieure du Congo-Brazzaville*, 2012.

Dingamtoudji MAIKOUBOU, *Les noms de personnes chez les Ngwabayes du Tchad*, 2012.

Gervais Muberankiko

La contribution de la décentralisation au développement local

L'Harmattan

Du même auteur

La protection du preneur dans un contrat de location-gérance, 1ère édition, Sarrebruck, EUE, 2011, 92 p.
La protection du locataire-gérant en droit OHADA, L'Harmattan, 2013.

Le présent ouvrage est déjà paru en langue française
aux éditions EUE, Sarrebruck,
en 2010.

5-7, rue de l'Ecole-Polytechnique, 75005 Paris

http://www.librairieharmattan.com
diffusion.harmattan@wanadoo.fr
harmattan1@wanadoo.fr

ISBN : 978-2-336-00912-4
EAN : 9782336009124

Liste des sigles et abréviations

AL.	: Alinéa
AOF	: Afrique occidentale française
Art.	: Article
BRDA	: Bulletin des requêtes de droits des affaires
C.E	: Conseil d'État
Coll.	: Collection
CEDA	: Centre pour l'environnement et le développement en Afrique
CIEDL	: Centre international d'études pour le développement
Concl.	: Conclusion
DC	: Directeur de cabinet
DGAT	: Direction générale de l'administration territoriale
Ed.	: Édition
ENA	: École nationale d' Administration
GADD	: Grands arrêts du droit de la décentralisation
JO	: Journal officiel
LGDJ	: Librairie générale de droit et de jurisprudence
MCL	: Maison des collectivités locales
MD	: Mission de décentralisation
MISAT	: Ministère de l'intérieur, de la sécurité et de l'administration territoriale
MISD	: Ministère de l'intérieur, de la sécurité et de la décentralisation
MSDN	: Ministère de la sécurité et défense nationale

MSPL : Ministère de la sécurité Publique et des collectivités locales
Op.cit. : Déjà cité
Ord. : Ordonnance
ONG : Organisation non gouvernementale
ONU : Organisation des nations unies
P. : Page
PAI : Programme annuel d'investissement
PDC : Plan de développement communal
PDM : Programme de développement municipal
PUF : presses universitaires françaises
Réf : Référence
Rév : Revue
RPB : République populaire du Bénin
SBEE : Société béninoise d'énergie électrique
SG : Secrétaire général
SONEB : Société nationale des eaux du Bénin

SOMMAIRE

Introduction

Depuis l'accession des États Africains à l'indépendance, les moyens nécessaires pour le développement économique ont continué à être concentrés au niveau central de l'État. Les stratégies de développement menées sous l'égide des États ont montré leurs limites.

Cela parce que cette politique de concentration de tous les pouvoirs de décisions dans les mains du pouvoir central a été pendant longtemps, l'un des handicaps au plein épanouissement des populations, car la plupart des plans de développement local ont été élaborés sans leur participation effective et ce dans un cadre ne répondant pas à leurs réelles aspirations.

C'est au lendemain des conférences nationales africaines des années 90, que la plupart des États ont élaboré des constitutions où la démocratie multipartiste et la décentralisation administrative ont été clairement exprimées. Les responsables politiques sont de plus en plus convaincus qu'il n'y a pas de développement possible sans la prise en compte des références sociales et culturelles des populations concernées.

En plus, avec ce modèle centralisateur qui par essence est antilibéral, les spécificités régionales et locales sont nivelées.

D'où la nécessité de la décentralisation qui est *un système administratif et politique dans lequel certains pouvoirs de décisions sont assumés par des organes autonomes généralement élus, ayant personnalité juridique, ressources et autorités propres.*

C'est un transfert de compétences des pouvoirs de l'État vers les collectivités locales qui bénéficient alors d'une certaine autonomie de décisions et de leur propre budget.

Quant à la notion de collectivité, il s'agit d'une personne morale de droit public, distincte de l'État, dotée de la personnalité juridique et de l'autonomie financière.[1]

Mais qu'est-ce qu'une collectivité décentralisée? Elle est définie comme une portion du territoire qui s'administre librement dans des conditions prévues par la loi par des organes délibérants et exécutifs élus et dotés de la personnalité morale, de l'autonomie financière et d'un patrimoine propre. On constate que la décentralisation a deux objectifs majeurs:

Il y a d'une part, l'approfondissement de la démocratie pluraliste. Il s'agit d'adapter le cadre institutionnel ancien aux objectifs et exigences d'une démocratie locale.

Et d'autre part, la promotion du développement local et régional, en favorisant l'émergence d'initiatives, au niveau des différents acteurs de la mise en place d'un nouveau cadre de développement, à partir des préoccupations, des ressources et du savoir-faire des populations locales.

C'est probablement sur la base de ces hypothèses, que le Bénin par la loi n° 97-028 du 15 janvier 1999, portant organisation de l'administration territoriale en République du Bénin, a procédé à la décentralisation. Les anciennes sous-préfectures et circonscriptions urbaines sont alors érigées en communes.

---

[1] NACH MBACK (C.), *Démocratie et décentralisation*, Paris, Karthala et PDM, 2003, p.31

La décentralisation est également associée au développement local.[2] C'est pourquoi, aux termes de l'article 84 de la loi n° 97-029 du 15 janvier 1999 portant organisation des communes en République du Bénin, l'obligation est faite aux communes de se doter d'un plan de développement en vue d'assurer les meilleurs conditions de vie à l'ensemble de la population.

On peut définir le développement comme un ensemble des progrès économiques, sociaux et culturels auxquels aspirent les peuples. C'est un processus de transformation qui accompagne la croissance dans une évolution à long terme. Ce processus est étroitement lié au concept de progrès.

Quant au développement local, est *une volonté politique des acteurs de promouvoir le développement du territoire sur lequel ils vivent en vue d'améliorer la situation socio-économique des populations. Il s'inscrit dans la logique d'une stratégie de lutte contre la pauvreté*[3].

On peut dire encore que le développement local apparaît comme *une dynamique économique, et sociale, voire culturelle plus ou moins concertée, impulsée par des acteurs individuels et collectifs sur un territoire donné. C'est un processus de concentration et de responsabilisation des acteurs locaux et la recherche de synergie entre eux, pour réussir le développement durable d'un territoire donné*[4].

---

[2] NACH MBACK (C.),op.cit.,p.37

[3]Mission de décentralisation, *Le Guide du maire*, Cotonou, 2005, p.57

[4] AUBENAS (K.) et HOUINSINOU (P.), *Contribution des ONG au développement en Rép. du Bénin : cas de l'association française des volontaires du progrès (AFVP)*, Abomey-Calavi,

Il s'agit donc pour les élus locaux de concevoir des programmes de développement qui tiennent compte des besoins réels et des préoccupations de leurs localités et, avec la complicité des administrés, rechercher les solutions les plus adéquates pour promouvoir le développement des collectivités locales.

Le développement local possède une référence politique et économique qui prend son essor avec les politiques de décentralisation.

La décentralisation est un système administratif récent.

En Amérique latine, elle a été une partie essentielle du processus de démocratisation.

En Afrique, la propagation du pluralisme politique a créé une demande pour une plus grande participation locale dans les prises de décisions. En plus, les idées du développement local se sont développées en opposition aux projets de développement décidés du haut vers le bas par des administrations centralisées et omnipotentes, sans concertations avec les populations[5].

La finalité de la décentralisation est d'arriver à un développement à la base initié, financé, exécuté et contrôler par les bénéficiaires.

La décentralisation a, en réalité, un double fondement: politique et administratif.

ENA, 2000, p.27

[5] Neu (D.), *Développement local et décentralisation point de vue, GRET, 2003, p.5*

Concernant le fondement politique, *elle vise à promouvoir et garantir l'exercice des libertés locales.*

Plus spécialement, la décentralisation se relie à cette forme du libéralisme politique qu'est le système démocratique[6].

Quant au fondement administratif, elle constitue un principe d'administration locale utile parce que, *s'agissant d'affaires locales, de besoins locaux, il est bon que les agents chargés de cette gestion connaissent les besoins et les conditions locaux et aient intérêt à prendre en mains et défendre les intérêts locaux.*

Pour les économistes, la décentralisation donne lieu à une redistribution des richesses plus équitable et efficace, étant donné que les décisions relatives aux dépenses publiques, prises à un niveau administratif plus sensible aux besoins des administrés et plus près d'eux, ont plus de chances de refléter la demande des services locaux, que des décisions prises par un gouvernement central lointain.

Un autre avantage de la décentralisation est que les gens sont plus disposés à payer pour les services qui, selon eux répondent à leurs priorités, surtout s'ils ont participé à la prise de décision concernant la fourniture de ces services.

Malgré tous ces avantages, après l'avènement de la décentralisation un certain nombre de questions se posent.

---

[6] De LAUBADERE (A.), GAUDEMET (Y.) et VENEZIA (J-C.), *Droit administratif*, 16ème éd., Paris, LGDJ, 1999, p.183

D'une part, la décentralisation est souvent perçue par les populations comme un abandon de la communauté à la base par l'État.

Les populations locales habituées à être gouvernées et dirigées par l'État dans tous les domaines de la vie sociale se voient du jour au lendemain passer du statut de simple exécutant à celui de décideur.

Et d'autre part, la décentralisation risque aussi d'aggraver les inégalités du développement régional, si chaque région ou ville est autonome dans son développement et doit compter surtout avec ses propres ressources financières, techniques et autres, les parties riches du pays vont avoir des possibilités de développement tandis que les parties les plus pauvres vont s'enfoncer dans leurs difficultés.[7]

C'est dans le souci d'analyser les avantages de la décentralisation au développement local que nous avons décidé de réfléchir sur la question à travers le présent livre intitulé:

«**La contribution de la décentralisation au développement local**».

Notre objectif, c'est de vérifier si la décentralisation favorise le développement local. En réalité, il s'agit d'analyser l'apport du processus de décentralisation aux communes dans le cadre du développement local.

Cette étude sur la contribution de la décentralisation au développement local nous permettra de répondre à un certain nombre de questions dont notamment :

---

[7] ELONG MBASSI (JP.), *Municipalités Africaines et développement économique local*, séminaire organisé par PDM à Niamey du 26 au 29 Avril 1993, Cotonou, CEDA, 1993, p.73

- Y a-t-il des compétences de développement à la charge des collectivités locales décentralisées ?

- Y a-t-il un changement économique et social au niveau des communes, depuis le démarrage du processus de décentralisation?

En somme, la décentralisation contribue-t-elle au développement local ?

Pour répondre à toutes ces questions, notre réflexion va s'appuyer sur des références bibliographiques relatives au droit administratif, sur les textes et documents officiels tirés du journal officiel, des décrets et lois appliqués au Bénin, les comptes rendus des colloques et séminaires sur la décentralisation et le développement local, les interviews opérées dans la structure où nous avons fait le stage, les enquêtes auprès des populations.

Et enfin nous essayerons de faire la comparaison avec ce qui est appliqué dans les autres pays pour pouvoir faire des suggestions.

Notre travail est divisé en deux parties. La première partie sera consacrée au cadre théorique et institutionnel, et la deuxième partie sur l'implication de la décentralisation dans le développement local.

Première partie:

Cadre théorique et institutionnel

La décentralisation est l'une des conditions exigées par les partenaires au développement. Le fait de lier décentralisation et développement se fonde sur deux hypothèses.

Premièrement, le développement à la base est le meilleur garant du développement durable. Et deuxièmement, l'espace local apparaît moins contraint que l'espace national.

On a constaté que le niveau local offre effectivement un cadre plus stable et plus maîtrisable aux initiatives de développement. Cela, parce que les demandes y sont moins nombreuses et plus homogènes, et les réponses à ces demandes peuvent s'organiser dans un plus grand souci des enjeux sociaux locaux.

L'étude du cadre théorique et institutionnel exige que nous abordions les concepts de décentralisation et de développement local (chapitre 1). Mais étant donné que la décentralisation est un système administratif récent en Afrique, nous ferons aussi une présentation de l'architecture institutionnelle d'appui à la décentralisation au Bénin (chapitre 2)

Chapitre 1:

Concepts de décentralisation et de développement local

Au Bénin, la loi N° 97-028 du 15 janvier 1999 portant organisation de l'administration territoriale de la république du Bénin dans son Art. premier, l'al.3 dispose que : « *Il est créé une collectivité décentralisée dénommée la Commune. D'autres collectivités décentralisées peuvent être créées par la loi* ».

Dans le même sens, le premier ministre du Burkina-Faso déclarait le 14 juillet 1994 : « *La décentralisation en tant que mode de gestion administrative apparaît comme une donnée incontournable pour notre pays au stade actuel de son développement, au regard de sa volonté d'assurer l'enracinement local de la démocratie et de promouvoir le développement local* »[8].

Ce texte appelle que nous abordions en premier lieu la décentralisation et le développement local: deux concepts liés (section 1) et en second lieu la décentralisation au Bénin et les exigences du développement local (section 2).

---

[8] BRUNET (F.), *La Décentralisation en Afrique subsaharienne*, Rapport du Secrétariat d'État à la coopération, Paris, ISBN, 1997, p.15

<u>Section I</u>:
La décentralisation et le développement local: deux concepts liés

Nous verrons la décentralisation et ses enjeux (paragraphe 1) avant de voir le développement local comme objectif de la décentralisation (paragraphe 2).

<u>Paragraphe 1</u>: La décentralisation et ses enjeux

Au Bénin, selon la loi N° 97-028 du 15 janvier 1999 précitée, « *L'administration territoriale de la République est assurée par les autorités et services décentralisés de l'État et par les collectivités territoriales décentralisées dans le cadre défini par la présente loi* »[9]. Dans cette partie, nous allons étudier la notion de décentralisation et son corollaire de déconcentration (A) avant d'aborder les enjeux de la décentralisation (B)

A- Notion de décentralisation et son corollaire de déconcentration

Le lexique des termes juridiques définit la décentralisation comme *un système d'administration consistant à permettre à une collectivité humaine (décentralisation territoriale) ou à un service (décentralisation technique) de s'administrer eux-mêmes sous le contrôle de l'État en les dotant de la personnalité juridique, d'autorités propres et de ressources*[10].

---

[9] C f. Al. 1 de l'Art. premier de la N° 97-028 du 15 janvier 1999, portant organisation de l'administration territoriale de la république du Bénin.

[10] GUILLIEN (R.) et VINCENT (J.), *Lexique des termes*

On distingue donc deux formes de décentralisation: premièrement, la décentralisation technique qui consiste en la création par l'État ou par une collectivité territoriale d'un établissement public doté de la personnalité morale et de l'autonomie financière.

Et deuxièmement la décentralisation territoriale. C'est cette dernière qui nous intéresse dans le cadre de notre travail. Elle est le fait pour l'État de créer des collectivités locales dotées de la personnalité juridique, de l'autonomie de gestion et d'organes élus propres[11].

Pour la mission de décentralisation, *la décentralisation est un système d'administration qui consacre le partage du pouvoir, des compétences, des responsabilités et des moyens entre l'État et les collectivités territoriales*[12].

S'agissant de la collectivité locale ou territoriale, on peut la définir comme une communauté sociale infra – étatique, qui, ayant pour assise une fraction du territoire nationale et pour lieu une identité collective locale est reconnue dotée de la personnalité morale lui permettant de gérer ses propres affaires[13]. *La décentralisation décongestionne le pouvoir central trop encombré et trop éloigné de la vie locale pour pouvoir apprécier ses besoins*[14].

---

juridiques, 12ème Ed., Paris, Dalloz, 1999, p. 169

[11] YEKINI (A.) et YEKPE (R.), *Contribution du PDM au renforcement de la décentralisation en Afrique de l'ouest et du centre,* Abomey-Calavi, ENA, 1998, p.2

[12] Mission de décentralisation, op. cit., p.14

[13] BRUNET (F.), op.cit., p.15

[14] De LAUBADERE (A.), GAUDEMET (Y.)et VENEZIA (J- C.),

Les caractéristiques d'une collectivité territoriale décentralisée sont les suivantes:
1. un territoire propre ;
2. la personnalité juridique et l'autonomie financière;
3. l'élection des autorités locales.

Au Bénin, la commune constitue le niveau unique de décentralisation. Les collectivités territoriales ont pour mission dans la limite de leurs compétences de :

- l'organisation de la vie collective dans la collectivité territoriale ;
- la participation des populations à la gestion des affaires locales ;
- la promotion et la réalisation du développement local ;
- la modernisation du cadre de vie ;
- la gestion des terroirs et de l'environnement.

Ainsi, les collectivités territoriales peuvent faire au niveau local, tout ce que l'État peut faire pour le développement de la nation[15].

Pour réaliser avec succès un projet de décentralisation, un certain nombre de conditions au moins sont à remplir :

. Le cadre de la décentralisation doit lier l'autorité en matière de finances locales aux responsabilités pour la fourniture des services et aux fonctions de l'administration locale afin que les politiciens locaux aient à supporter les coûts de leurs décisions et à tenir leurs promesses ;

---

op.cit., p.183

[15] TRUOVET (L.), TERTENDET (J.) et CORNET (C.), *Les Grands arrêts du droit de la décentralisation*, 2ème éd., Paris, Dalloz, 2001, p.673

. La communauté locale doit être informée du coût des services, des différentes méthodes de leurs fournitures, du montant et de l'origine des ressources afin que les décisions qu'elle prend soient motivées ;

. Il doit y avoir un mécanisme par lequel la communauté peut exprimer ses préférences d'une manière qui oblige les politiciens à en tenir compte, afin de susciter chez les populations assez de motivation à participer ;

. Il doit y avoir un système de responsabilisation qui repose sur une information publique et transparente permettant à la communauté de suivre de près la performance de l'administration locale et de réagir face à cette performance afin d'inciter politiciens et administrateurs à être sensible à leurs préférences ; …

. Les instruments de la décentralisation, le cadre juridique et institutionnel, la structure des responsabilités de la fourniture des services et le régime des finances inter administrations sont conçus pour soutenir les objectifs politiques.

Il ne faut pas confondre la décentralisation avec la déconcentration.

Celle-ci consiste en une délégation de compétence du niveau central (État) à une autorité locale nommée (par exemple le préfet) dans le cadre d'une circonscription département) qui ne dispose ni de la personnalité juridique ni de l'autonomie financière. L'autorité locale nommée est dans un rapport de subordination hiérarchique avec l'autorité centrale qui l'a nommée[16].

[16] Mission de décentralisation, op.cit, p. 14

La déconcentration est encore définie comme un système administratif et politique dans lequel le pouvoir central délègue ou transfère des pouvoirs de décision à des services ou des autorités qui le représentent localement[17].

Au Bénin, le département est le seul niveau de déconcentration. Les autorités administratives placées à la tête du département exercent leurs attributions au nom de l'État. Elles ont reçu délégation du pouvoir de l'autorité centrale par décret.

Le département est dirigé par un préfet qui est l'unique représentant du gouvernement et chacun des ministres pris individuellement. Le préfet est l'unique autorité de tutelle de la commune[18]. La tutelle est en deux volets :

- L'assistance conseil et le contrôle de la légalité.

S'agissant du régime juridique de la déconcentration, il faut signaler que la déconcentration met en relation des agents qui appartiennent à une même personne publique. Pour cela, elle est en général déterminée par les règles du pouvoir hiérarchique[19].

Depuis le démarrage du processus de décentralisation, on constate qu'il y a une amélioration dans l'administration des collectivités locales. On apprécie les résultats de la décentralisation par la manifestation de ses enjeux.

---

[17] HUSSON (B.), *Le Développement local*, Revue Agri doc N° 1 Lyon CIEDEL. 2001.

[18] Cf. Art. 141 de la loi N° 97-028 du 15 janvier 1999

[19] DE LAUNDERE (A.), GAUDEMET (Y.) et VENEZIA (J-C.), op.cit., p. 180

B- Les enjeux de la décentralisation

La démocratie à la base et le développement local sont les deux principaux enjeux de la décentralisation.

Concernant la démocratie à la base, étant donné que *la démocratie est un régime politique où ni un individu ni un groupe ne s'approprie le pouvoir, ses titulaires sont désignés par le peuple, par voie d'élections périodiques et sont contrôlés par lui*[20].

La démocratie à la base suppose le choix libre des autorités locales par les populations et la participation de celles-ci à la gestion de la chose publique. La décentralisation a pour but la création d'un cadre institutionnel pour l'exercice de la démocratie à la base et la promotion d'une véritable citoyenneté, à travers un rapprochement des organes de décision à la base qui désigne ses représentants par des élections.

Autrement dit, la décentralisation permet :

D'abord, le rapprochement de l'État aux citoyens. Cela vise à rapprocher l'administration des biens publics des citoyens et à transférer certains pouvoirs aux entités locales. Le cadre institutionnel et juridique mis en place repose sur ces principes.

Au niveau du cadre institutionnel, l'administration au Bénin est organisée à trois échelons :

- Au niveau départemental, siège le conseil départemental de coordination et de concertation ;

---

[20] ARDANT (PH.), *Institutions politiques et Droit constitutionnel*, 15ème éd., Paris, LGDJ, 2003, p.151

- Au niveau communal, le conseil communal ou municipal élu est l'organe délibérant de la commune ;

- Au niveau infra communal, il y a le conseil d'arrondissement et conseil de quartier ou de village dont les membres sont élus démocratiquement.

Ensuite, la transparence dans la gestion des affaires locales. Dans ce cadre, les élus doivent rendre compte de leurs activités aux populations. Il en découle surtout de l'obligation légale d'ouvrir au public les délibérations et actes des conseils communaux ou municipaux et de publier les documents budgétaires approuvés par l'autorité de tutelle.

Enfin, la participation des populations aux affaires locales, l'élection des dirigeants locaux n'est pas seulement, destinée à les protéger contre les pressions du pouvoir central. Elle tient aussi compte du droit des populations à participer à la gestion des affaires publiques locales[21].

Le principe de participation ainsi affirmé repose sur l'implication des populations aux choix de leurs dirigeants. En plus, tout citoyen peut être gouverné ou gouvernant. On peut aussi signaler la prise en compte des priorités de développement local dans la pratique nationale.

C'est dans ce cadre que les plans de développement communaux sont élaborés. Cependant, après la participation citoyenne et la bonne gouvernance qui constituent la finalité de la décentralisation, on ajoute aussi le développement local.

---

[21] NACH MBACK (C.), op.cit., p. 34

S'agissant du développement local, on a constaté qu'avant le démarrage du processus de décentralisation, tous les plans de développement conçus et mis en application n'ont pas porté les fruits escomptés. Ceci s'explique par l'absence d'un système qui se traduit par une conception des programmes de développement qui tiennent compte des besoins réels et des préoccupations des administrés.

A cela s'ajoute, le défaut de la recherche avec ces derniers, des meilleures solutions et des moyens adéquats pour promouvoir le développement de la collectivité en se basant sur une valorisation des ressources locales[22].

En effet, en l'absence de politiques et stratégies spécifiques qui auraient guidé l'établissement d'un schéma directeur d'aménagement du territoire et l'élaboration d'un cadre juridique et institutionnel approprié, il est difficile de concevoir des programmes de développement économique et social des collectivités territoriales.

La faible transparence des mécanismes budgétaires et la position prédominante de l'État dans le système de planification centralisée n'ont pas permis aux collectivités locales de faire face aux exigences du développement humain durable dictées par les besoins essentiels des populations.

La décentralisation constitue désormais la pierre angulaire du développement de proximité.

---

[22] GAGNON Jacques, *Cours de gestion du développement local et international*, chaire UNESCO, DESS en gouvernance et démocratie, FADESP, UAC, 2005-2006, p.75

Il s'agira donc pour la commune de promouvoir des instruments de planification et de gestion de développement qui déterminent l'affectation des ressources sur la base des priorités de son ressort territorial.

Il appartiendra à la commune de mener des activités pour contribuer à l'amélioration de l'accès des populations à des services efficaces de santé et à leur bien être.

De même, la commune devra contribuer davantage à l'élévation du niveau d'éducation. En plus, il faut la promotion des bases productives de l'économie à travers l'exploitation du patrimoine domanial qui lui revient et le développement des infrastructures locales.

Après avoir analysé la notion de décentralisation et ses enjeux, nous allons aborder le développement local comme objectif de la décentralisation.

<u>Paragraphe 2</u>: Le développement local comme objectif de la décentralisation

La décentralisation est une technique permettant de faire participer les citoyens à la gestion des affaires locales. Elle a deux enjeux majeurs: la promotion de la démocratie à la base et le développement local. Les gouvernements doivent décentraliser le plus rapidement possible, les pouvoirs de décision pour accélérer leur développement économique et social et pour donner aux programmes un effet durable[23].

Le développement peut être défini comme un processus de transformation qui accompagne la croissance dans une évolution à long terme. Ce processus est étroitement lié au concept de progrès. Alors que la notion de local repose sur la notion de territoire.

Dans ce cadre, le développement local apparaît comme une dynamique économique, et sociale, voire culturelle plus ou moins concertée, impulsée par des acteurs individuels et collectifs sur un territoire donné. Pour la maison des collectivités locales au Bénin, le développement local s'inscrit dans un processus de développement global. Il se fonde sur une démarche solidaire où différents acteurs d'un territoire sont mis en inter relation et décident de valoriser les ressources locales dans le cadre d'un projet commun[24].

---

[23] Nations Unies, *Décentralisation en vue du développement national et local*, New York, 1964

[24] La maison des collectivités locales, *Module de développement local,* Cotonou, 2004, p. 3

En allant plus avant, *on peut le définir comme un processus qui permet de faire mûrir des priorités, de choisir des actions à partir de savoirs et propositions des groupes de populations habitant un territoire donné et de mettre en œuvre les ressources disponibles pour satisfaire à ces dites propositions.* Tous les projets de développement agricole, pastoral, rural sont d'une façon ou d'une autre, des programmes se proposant un développement local, en ce sens qu'ils s'adressent presque toujours à des actions situées dans un espace local.

Pour cela, «*les programmes de développement local se donnent comme champ d'application les divers niveaux d'action qui opèrent à l'intérieur d'une petite région* »[25]

Le développement local est donc une pratique du développement, une méthode de travail, et non une nouvelle théorie qui complèterait ou se substituerait aux précédentes au prétexte qu'elles auraient échoué. Il ne vise pas à identifier les divers obstacles au développement ni à rechercher la combinaison optimale des ressources, rares par définition, mais à s'interroger sur les moyens de parvenir à leur combinaison.

Après le démarrage du processus de décentralisation, il s'agit donc pour les élus locaux de concevoir des programmes de développement qui tiennent compte des besoins réels et des préoccupations de leurs localités et avec la complicité des administrés, rechercher les solutions les plus adéquates pour promouvoir le développement des collectivités locales.

---

[25] GRIOGORI (L.) et Mouland (A.), *Développement local et communauté rurale,* Paris, KARTALA, 2002, p. 38

Le développement local s'exprime tout comme le développement national du point de vue social (A) et du point de vue économique (B).

A- Le cadre social du développement local

Au point de vue social, le développement local repose sur le développement humain durable. Il s'agit notamment :

- de la création d'emploi qui permettra de lutter contre la pauvreté ;
- des services urbains et ruraux à rendre aux populations, à savoir : ramassage et traitement des ordures ménagères, voies urbaines et pistes rurales, marchés et gares routières, latrines publiques et familiales, construction des écoles, centres de santé,…
- de créer, de revitaliser ou de vivifier les solidarités réelles ou présumées pour organiser un débat autour d'un projet d'avenir ;
- de la sauvegarde de la paix et de la cohésion sociales;
- de considérer les groupes de population de l'espace de développement comme des ensembles humains multiformes, capable de s'organiser entre eux et non comme des ensembles isolés, disponibles lorsqu'ils sont sollicités ;
- de susciter la mise en place de structures de médiation et de négociation entre ces groupes pour que chacun exprime son point de vue et participe à la définition des priorités de développement.

Le consensus à rechercher n'est pas un accord unanime de tous sur toutes les priorités mais tous doivent trouver une part d'intérêt à leur réalisation[26].

Dès lors, le développement est à la fois un constat et une pratique fondée sur les identités locales et valorisantes les spécificités d'un espace de vie.

L'élaboration d'un plan de développement communal, constitue un outil adopté pour organiser le débat entre les habitants ou leurs représentants et engager les actions à mener et se concluant par un plan d'action. C'est ce plan qui comporte des actions physiques[27].

Le développement local suppose une pluralité des niveaux d'action. Ainsi, les actions sur le milieu naturel doivent être, en priorité, décidées et réalisées avec la participation des usagers directs de ces ressources, ce qui conduit à privilégier les niveaux d'action tels que les communautés rurales de base, les terroirs villageois, les aires pastorales, etc.[28]

Pour finir, la collectivité locale est perçue comme le seul acteur qui pourrait à la fois répondre aux aspirations des populations; assumer la responsabilité première des programmes de développement local multisectoriels et à long terme; associer un large ensemble de la société civile à la planification, au financement et à la gestion des activités de développement. Une fois le cadre social étudié, il convient à présent d'examiner le cadre économique du développement local.

---

[26] HUSSON (B.), op.cit.

[27] Etude de faisabilité relative au financement des investissements et du développement local. Rapport final, mars 2001

[28] GRIOGORI (L.) et MOULAND (A.), op.cit., p.39

B- Le cadre économique du développement local

Le développement local est une volonté politique des acteurs de promouvoir le développement du territoire sur lequel ils vivent en vue d'améliorer la situation socio-économique des populations. Il s'inscrit dans la logique de lutte contre la pauvreté.

Le développement local constitue aujourd'hui une référence largement utilisée par les opérateurs des programmes de développement[29].

Du point de vue économique, le développement local s'inscrit dans une double exigence :

Premièrement, valoriser localement les ressources existantes et potentielles, en vue de satisfaire le marché local (qui peut aussi être alimenté par des demandes d'origine externe comme l'accueil de touristes).

Mais également des marchés plus lointains en raison des compétences des producteurs et des caractéristiques des produits fabriqués ou travaillés.

Deuxièmement, favoriser la diversification de l'enrichissement des activités par une multiplication des échanges entre les unités de production de la région considérée, quelle que soit leur nature moderne, traditionnelle, informelle en visant la création d'un tissu d'activités interactives.

La décentralisation pourrait contribuer à légitimer la dynamique qui a permis aux populations de survivre. Elle crée des structures reconnues par l'État mais dans lesquelles les populations pourraient se reconnaître.

---

[29] Idem

Les enjeux économiques de la décentralisation ne s'accompagnent pas d'interrogations aussi fortes, même si le développement économique d'un pays ne peut être assis uniquement sur des initiatives locales et même si dans ce domaine également se pose un problème de recherche d'équilibre[30].

La décentralisation doit permettre de mieux connaître les besoins véritables des citoyens qui sont les acteurs économiques d'un pays, de mieux détecter, apprécier, conjuguer les moyens de les satisfaire. Elle pourrait contribuer aussi à légitimer l'État au niveau local.

A présent, l'État est le plus souvent perçu comme un prolongement de l'administration coloniale qui ne s'adresse au village ou au quartier que pour collecter les taxes ou imposer ses politiques en tant que manifestation de l'État au niveau local.

Enfin, la décentralisation pourrait faciliter l'appropriation des investissements par les populations et les services concernés.

Pour mieux comprendre le concept de décentralisation et celui de développement local, nous étudierons la décentralisation au Bénin et les exigences du développement local.

---

[30] CLAUZEL (J.) *Données, enjeux et techniques de la décentralisation en Afrique*, acte d'un séminaire sur la décentralisation en Afrique de l'ouest, organisé par le PDM à Ouagadougou du 5 – 8 Avril 1994 Cotonou, CEDA,1994, P.48

Section II:
La décentralisation au Bénin et les exigences du développement local

C'est le processus de décentralisation au Bénin qui retiendra notre attention en premier lieu (paragraphe 1) et nous examinerons en second lieu les exigences du développement local (paragraphe 2) en tant qu'objectif de la décentralisation.

Paragraphe1: Le processus de décentralisation au Bénin

C'est au lendemain des conférences nationales africaines des années 90, que la plupart des États ont élaboré des constitutions où la démocratie multipartiste et la décentralisation administrative ont été clairement exprimées.

Mais la pratique n'a pas été la même dans tous les pays. Cela nous demande d'étudier l'évolution historique du processus de décentralisation au Bénin (A) avant d'aborder les fondements juridiques de cette décentralisation (B).

A- L'évolution historique du processus de décentralisation au Bénin.

Les premières expériences de la décentralisation au Bénin remontent à l'ère Coloniale. Colonie française, partie de l'Afrique occidentale française (AOF), le territoire de l'actuel État est régi sur le plan municipal par la loi française N° 55-1489 du 18 novembre 1955.

Cette loi mettait en place une décentralisation à deux vitesses[31]:

A) des communes de plein exercice, à savoir les villes de Porto-Novo, Cotonou, Ouidah, Abomey et Parakou, dotées de l'autonomie financière et de la personnalité juridique avec pour organes de direction, un organe délibérant élu, le conseil municipal et un organe exécutif, le Maire élu au sein de la dite commune.

B) des communes de moyen exercice dotées d'un organe délibérant élu, le conseil municipal et d'un organe exécutif nommé, le Maire.

C'est avec la loi 62-13 du 26 février 1962 portant institution et organisation de circonscription urbaine que cette première expérience a pris fin.

Les lois 64-15 et 64-17 août 1964 portant respectivement attribution et organisation municipale ont mis en place une deuxième expérience de la décentralisation, qui mettait en place deux niveaux de décentralisation:

* le premier niveau c'est la commune, avec les mêmes caractéristiques que celles de la loi de 1955. Le second niveau c'est le département doté d'un organe délibérant élu, le conseil général et d'un organe exécutif nommé, le préfet.

---

[31] JOHNSON (G.), « *Architecture de la reforme de l'administration territoriale et aperçu des expériences béninoises en matière de décentralisation* », Hearing sur le cadre légal de la décentralisation de l'administration territoriale par la commission des lois de l'Assemblée nationale du Bénin à Cotonou du 25 au 26 juin 1996 p.5

Cette loi est modifiée par l'ordonnance N° 19/MSDN-T qui a gardé seulement le département.

La troisième expérience a été mise en place en 1974 par quatre ordonnances :

- l'ordonnance 74-7 portant réorganisation de l'administration territoriale ;
- l'ordonnance 74-8 portant création, organisation, attribution et fonctionnement des conseils provinciaux de la révolution et des conseils révolutionnaires de district ;
- l'ordonnance 74-9 portant institution et organisation de la commune et enfin l'ordonnance 74-10 portant institution et organisation du village et du quartier de ville du 13 février 1974.

Cette expérience organisait trois niveaux de décentralisation : la Province, le district et les communes, dotés d'organes délibérants élus au suffrage indirect et organes exécutifs élus au sein de l'organe délibérant pour les communes et nommés pour les deux niveaux supérieurs. Ces ordonnances ont été modifiées par la loi 81-09 du 10 octobre 1981 portant création, organisation, attributions et fonctionnement des organes locaux du pouvoir d'État et de leurs organes exécutifs[32].

Les résultats de ces expériences n'ont pas été à la hauteur des attentes pour diverses raisons : « *la lourdeur des structures, le suffrage indirect et l'intervention des autorités centrales dans l'élection des organes exécutifs, la main mise du parti sur toute l'organisation et l'insuffisance des ressources des collectivités territoriales.*

[32] JOHNSON (G.), op.cit,. p6

La fragilisation du pouvoir, la pression des revendications aboutirent à l'organisation en février 1990 de la conférence nationale des forces vives de la nation ...»[33]. Dans cette conférence, il fut décidé d'entamer une réforme institutionnelle de décentralisation intégrée dans le texte de la nouvelle constitution adoptée par référendum en décembre 1990 et promulguée aussitôt après[34].

Pour mettre en pratique cette décentralisation, le ministre de l'intérieur a organisé du 7 au 10 janvier 1993 les états généraux de la réforme de l'administration territoriale qui ont défini les grandes lignes de ce que pourrait être cette réforme.

Le 26 janvier 1993 un comité de suivi des états généraux a été mis sur pied pour élaborer les différents textes fondamentaux devant régir la nouvelle administration territoriale. Cinq projets de loi ont été adoptés en juillet 1996 et quatre ont été promulgués le 15 janvier 1998. Il s'agit de :

- la loi 97-028 du 15 janvier 1999 portant organisation de l'administration territoriale de la République du Bénin ;
- la loi 97-029 du 15 janvier 1999 portant organisation des communes en République du Bénin ;
- la loi 98-005 du 15 janvier 1999 portant organisation des communes à statut particulier ;
- la loi 98-007 du 15 janvier 1999 portant régime financier des communes en République du Bénin.

La cinquième loi a été promulguée le 9 mars 2000. Il

---

[33] LANGLEY (PH.) et MANDJANAGNI (A.), *Les Premiers pas des communes du Bénin,* Cotonou, CEDA, 2005, p. 16

[34] Idem

s'agit de la loi N° 98-006 du 9 mars 2000 portant régime électoral communal et municipal en République du Bénin. Ces cinq textes mettent en place une réforme de l'administration : la commune est le niveau unique de décentralisation dirigée par un conseil communal élu, avec à sa tête un maire élu en son sein, assisté d'adjoints.

Après cette réforme administrative, le Bénin compte soixante dix sept (77) communes dont trois à statut particulier.

Le département est aussi le seul niveau de déconcentration avec à sa tête le préfet, représentant du gouvernement et chacun des ministres. Actuellement, le territoire béninois est découpé en douze 12 départements. Certaines communes peuvent bénéficier d'un statut particulier. Ce statut leur confère des compétences plus élargies et des charges subséquentes.

Les critères pour bénéficier ce statut particulier sont:

- avoir au moins 100000 habitants ;
- être étendue de façon continue sur 10 Km au moins;
- avoir des ressources suffisantes pour le fonctionnement et les investissements.

Trois villes remplissent actuellement ces critères au Bénin; Cotonou, Porto-Novo, et Parakou.

La commune est assujettie au contrôle de tutelle. Cette tutelle est exercée par le préfet.

La décentralisation est effective au Bénin depuis les élections communales suivi par l'installation des maires en 2003.

Après l'évolution historique du processus de décentralisation au Bénin, nous allons étudier les fondements de la décentralisation.

B- Les fondements juridiques de la décentralisation au Bénin

La réforme actuelle de l'administration territoriale au Bénin est fondée sur neuf principes majeurs.

Le premier principe de cette réforme est le couplage de la décentralisation et de la déconcentration. Avec ce principe, l'administration territoriale de la république du Bénin est assurée par les autorités et services déconcentrés de l'État avec les collectivités territoriales décentralisées. Le territoire national est découpé en douze départements[35].

Le deuxième principe de cette réforme est la libre administration des communes par les conseillers élus[36]. Ainsi les communes sont dirigées par les conseils élus au suffrage universel direct à la différence des sous-préfectures et des circonscriptions urbaines qui étaient dirigées par les autorités nommées et placées dans une position de dépendance aux autorités centrales.

Le troisième principe de cette réforme est la distinction de deux catégories de communes : les communes de droit commun dites communes ordinaires et les communes à statut particulier.

Le quatrième principe de cette réforme confère aux communes des compétences propres, des compétences

---

[35] Cf. Art.5 de la loi N° 97-028 du 15 janvier 1999

[36] Cf. Art.1er de la loi N° 97-028 du 15 janvier 1999

partagées et des compétences qui leur sont déléguées par l'État.

Le cinquième principe prévoit que les communes disposent de leur propre budget dont l'élaboration requiert du Maire et de tout le conseil, le respect strict des règles fondamentales du droit budgétaire.

Le sixième principe est l'affirmation du rôle de la tutelle administrative qui comporte deux aspects. Il y a d'une part le contrôle de la légalité des actes du Maire et des décisions du conseil communal, le contrôle budgétaire et d'autre part, un rôle d'assistance – conseil aux communes.

Le septième principe est relatif au soutien de l'État aux collectivités décentralisées en ressources humaines, financières et matérielles à travers divers mécanismes.

Le huitième principe est la nécessité d'organiser la solidarité intercommunale pour assurer le développement équilibré des communes. Cette solidarité permet aux communes de coordonner et de mettre en commun leurs moyens d'intervention notamment en matière d'équipement et d'investissement[37].

Le neuvième principe est la promotion de la démocratie à la base et du développement local. Il s'agit d'assurer ce développement par un accroissement des recettes provenant des richesses potentielles ou avérées des communes[38].

On peut ajouter que dans ce cadre la possibilité est donnée aux communes d'établir une coopération

---

[37] Cf.art. 176 et 177 loi N° 97-029 du 15 janvier 1999

[38] Mission de décentralisation, op.cit., p. 15

décentralisée avec des partenaires de leur choix.

Après cette étude sur le processus de décentralisation au Bénin, nous allons examiner les exigences du développement local en tant qu'objectif de la décentralisation.

Paragraphe 2 : Les exigences du développement local

La promotion du développement local et régional est l'un de deux objectifs majeurs de la décentralisation. Les élus doivent avoir la capacité d'assurer le minimum de fonctionnement en vue de fournir les services que les populations sont en droit d'attendre de la commune.

Ensuite, il leur faudra développer les capacités de réflexion et d'action stratégiques.

Le développement local exige des projets de développement.

Un projet de développement local est un projet qui s'efforce de changer la situation d'un territoire et de ses habitants. Il tente d'en valoriser les qualités (ressources, atouts, valeurs), d'en minimiser les handicaps, d'en contourner les contraintes[39].

Pour réussir un projet de développement local, un certain nombre de conditions sont exigées. Il s'agit notamment :

- d'une volonté politique locale et des hommes compétents et formés, étant donné que l'initiative des projets de développement est le fait des élus et des groupes sociaux ;
- d'une dynamique d'animation et de concertation permanente entre les populations et les autorités locales autour des enjeux et problématique du développement local mais également des solutions ;
- d'un territoire ayant un statut et une taille (commune, arrondissement, village,...)

---

[39] NEU (D.), op.cit., p.1

- d'une maîtrise de la part de la collectivité locale et des opérateurs locaux de l'économie locale et de ses indicateurs ;

- d'une interdisciplinarité étant donné que le développement local intègre la diversité des dimensions économiques, sociales et culturelles.

Et enfin, de la présence d'un dispositif de renforcement des capacités institutionnelles considérées, au regard des expériences déjà engagées ici et là, comme une condition sine qua none de réussite d'un développement local.

Ce dernier exige aussi des conditions particulières dont les États centraux sont les garants à savoir le respect du droit d'expression et du droit d'association, sans lesquels aucun débat réel ne peut être mené, ni aucun projet d'avenir proposé, et l'assurance que les droits des personnes essentiels à leurs sécurités seront respectés.

Après ces conditions générales, la promotion du développement local implique aussi d'autres exigences dont certaines sont d'ordre local et national et d'autres sont d'ordre international.

A- Les exigences d'ordre local et national

Au niveau local, certaines activités peuvent entraver les projets de développement local. C'est le cas de politique politicienne du niveau national, alors que le développement local exige une volonté politique sans faille et des hommes compétents et formés.

Il y a aussi des conflits d'intérêts des pouvoirs locaux qui peuvent être obstacles à la promotion du développement local, alors que ce dernier est le résultat d'une coopération élargie entre différents groupes de populations habitant un espace donné ou un territoire en vue de coordonner et de rationaliser l'emploi de leurs ressources pour construire un avenir commun.

Pour engager un processus de développement local, le territoire de référence peut être défini comme un espace (physique et social) identifié et conscient de ses intérêts communs. Il y a communauté territoriale, lorsque les acteurs sont conscients que les mesures prises par l'un d'eux a des effets sur les modes d'organisation, de production,...

Un espace reconnaissant un fond historique commun. Ce fond commun peut être :

- une histoire passée commune ou la conscience d'un avenir nécessairement commun ;
- un système de références accepté par tous, y compris par des migrants récents ;

Encore, dans le cadre du développement local, chaque commune doit avoir un plan de développement communal, qui est un outil de priorisation et de programmation des investissements sociaux et économiques à l'échelon local. Il constitue un moyen de déférer les initiatives et dynamiques locales et présente un intérêt évident par rapport à la concertation.

Il part des informations, des connaissances et des compétences des populations en les considérants comme le point de départ de toute action (grâce notamment à l'élaboration préalable de diagnostic de territoire)[40].

Il recherche la bonne mise en œuvre des actions de développement par la combinaison des compétences et potentialités des différents opérateurs,

---

[40] HUSSON (B.), op.cit., p. 3

que ceux-ci soient des groupements locaux, des ONG, des acteurs régionaux ou les États. Comme conclusion, ce plan a trois fonctions :

D'abord, une fonction de « réappropriation » de leur espace par les habitants. La démarche de construction d'un plan de développement communal que d'autres personnes appellent plan local de développement leur permet de lire leur territoire en objectivant sa situation écologique, leurs capacités économiques et la nature de leurs relations internes.

Ensuite, une fonction de « restructuration » ; à ce niveau, le plan de développement local permet aux groupes de population du territoire de déterminer leurs objectifs au regard des moyens techniques, humains et financiers dont ils disposent.

Enfin, une fonction « de référence », à ce niveau encore, le PDC constitue un cadre de référence tant pour les populations que pour les autorités locales. Il sert de contrat entre les différentes parties concernées par les actions réalisées dans la commune. Au niveau national aussi, certaines conditions sont exigées pour favoriser la promotion du développement local. Dans ce sens, on peut citer notamment : la mise en place par les autorités nationales des budgets destinés à promouvoir le développement local. Il faut aussi la transparence dans la gestion des biens publics. Après cela, les États doivent mettre en place un cadre législatif et réglementaire propice à l'enracinement de la décentralisation et au développement des économies locales[41].

---

[41] PDM, *Politique économique et développement local durable*, séminaire organisé du 15 au 16 mai 2000 à Windhoek, Cotonou, PDM, 2000

On peut signaler aussi que l'obligation est faite aussi aux autorités locales et nationales de favoriser l'intercommunalité afin de réduire le coût des infrastructures et services publics locaux[42]. A ce niveau, les États doivent préciser sans ambiguïté les infrastructures et équipements qui relèvent du domaine communal et ceux qui relèvent de l'État, en fonction des ressources potentielles attribuées.

Pour finir, on peut signaler qu'il est recommandé aux États de soutenir les initiatives des collectivités locales et de mettre en place un système d'information adopté au pilotage des économies locales.

Les exigences pour la promotion du développement local ne se manifestent pas seulement au niveau local et national, on les trouve aussi au niveau international.

B- Les exigences d'ordre international

Les projets de développement local demandent l'intervention des différents opérateurs qui peuvent être nationaux ou internationaux.

Dans ce cadre, les bénéficiaires locaux sont d'abord confrontés à la multiplicité des partenaires ; multilatéraux, bilatéraux et organisations non gouvernementales, chacun ayant sa langue, sa politique, son organisation, ses procédures, son plan comptable, ses modalités et sa préférence de rapport et ses habitudes de gestion, de mission et d'assurance technique.

[42] Cf. art 176 de la loi N° 97-029 du 15 janvier 1999

En plus, ces variables sont en constante évolution, suite aux changements de politiques de coopération, de gestion de la chose publique et des priorités internationales. Pour ces raisons, les partenaires internationaux au développement sont soumis à certaines exigences.

C'est pourquoi, les exigences de transparence au niveau des partenaires s'apparentent à celles au niveau de l'État. Encore, les partenaires au développement doivent adapter en conséquence leurs pratiques aux réalités locales qui sont en particulier marquées par :

- la nécessité de cohérence entre secteurs et activités économiques qui appellent à dépasser une approche exclusivement sectorielle du développement.
- l'interdépendance croissante entre le monde rural et le monde urbain qui appelle à dépasser la division arbitraire des projets et programmes urbains et ruraux.

Il est important que les agences de coopération favorisent la maîtrise d'ouvrage local et le recours aux entreprises locales dans les programmes d'appui aux collectivités locales en tenant compte de la capacité d'absorption des finances en faveur des collectivités locales.

La maîtrise d'ouvrage des activités de développement par les collectivités locales est essentielle pour leur développement.

Cette maîtrise permettra aux collectivités d'assurer elles-mêmes la conception, l'exécution ou même la gestion de ce qu'elles entreprennent. Elles chercheront les compétences nécessaires en fonction de leurs besoins, auprès de l'État, des opérateurs privés et des organisations non gouvernementales au plan local, national et même international.

Pour y arriver, les partenaires au développement et les autorités locales doivent s'engager sur de modes d'intervention qui privilégient la concertation, la participation, le consensus autour des axes majeurs du développement local.

Pour conclure, la décentralisation vise la promotion de la démocratie locale, son renforcement et son approfondissement[43].

La participation des populations à la gestion des affaires publiques devrait favoriser le développement à la base et son adaptation aux réalités du terrain.

Au Bénin, la décentralisation est effective depuis les élections communales suivies par l'installation des Maires en 2003.

Après cette étude sur les concepts de décentralisation et développement local, et étant donné que la décentralisation est un système administratif récent dans certains pays africains et qui n'a pas encore commencé dans d'autres, nous allons faire une présentation de l'architecture institutionnelle d'appui à la décentralisation au Bénin.

---

[43] LANGLET (PH.) et MANDJANANGNI (A.) op. cit., p. 1

Chapitre 2 :
La présentation de l'architecture institutionnelle d'appui à la décentralisation

Dans le cadre de nos recherches, nous avons fait un stage à la mission de décentralisation (MD). Mais pour approfondir nos connaissances dans le domaine de la décentralisation et de développement local, nous avons séjourné à la (DGAT) Direction Générale d'Administration du Territoire et à la Maison des Collectivités locales (MCL).

Ces trois structures constituent l'architecture institutionnelle d'appui à la décentralisation au Bénin, dès le début du processus de décentralisation en 2003.

Mais nous tenons à préciser que la mission de décentralisation a déjà fini sa mission.

S'agissant de la DGAT, actuellement après la création du ministère chargé de la décentralisation et des collectivités locales, ses activités sont remplies par ledit ministère. Ces structures sont indispensables pour de bons et efficients démarrage et conduite du processus de décentralisation dans tous les pays.

Dans ce chapitre, nous allons premièrement voir les trois structures d'appui au processus de décentralisation au Bénin (section 1). Et deuxièmement nous verrons les différentes activités de ces structures, le cadre particulier du stage et les suggestions (section 2).

Section I :
Les trois structures d'appui au processus de décentralisation au Bénin (DGAT, MD, MCL)

Les trois structures d'appui au processus de décentralisation au Bénin (DGAT, MD, MCL), sont indépendantes l'une à l'autre, mais avec une mission de complémentarité.

En 2003, lors du démarrage du processus de décentralisation, elles avaient comme tutelle commune le ministère de la sécurité publique et des collectivités locales (actuellement, elles sont sous tutelle du ministère chargé de la décentralisation et des collectivités locales). Pour cette raison, nous verrons d'un côté les raisons de la création de ces structures (paragraphe 1) et de l'autre côté l'organisation et les moyens de ces structures (paragraphe 2).

Paragraphe 1 : Les raisons de la création de ces structures

La décentralisation est une recommandation de la conférence nationale des forces vives de la nation. Cette recommandation a été insérée dans la constitution béninoise du 11 décembre 1990 en ses articles 150 à 153. Pour la mise en application de cette recommandation, il a fallu créer les structures techniques d'appuis au processus de la décentralisation.

Dans ce paragraphe, nous allons voir l'origine de ces structures (A) avant d'examiner leurs missions (B).

A- L'origine de ces structures

Comme les autres pays, le Bénin a organisé une conférence nationale en 1990. Après cette conférence, a été élaborée une constitution où la démocratie multipartiste et la décentralisation administrative ont été clairement exprimées.

A ce moment, la question se posait de savoir comment mettre en pratique cette décentralisation.

C'est pour répondre à cette question et à l'instar des autres pays de la sous-région que l'idée de la création des structures techniques pour préparer et continuer à accompagner la mise en place de la décentralisation est née.

L'application effective de la réforme de l'administration territoriale a été réalisée grâce à la conscience professionnelle, l'abnégation, l'expertise et aussi l'assistance de ces structures clefs et indispensables pour de bons et efficients démarrage et conduite du processus de la décentralisation.

Ces structures sont : d'abord, la direction générale de l'administration du territoire (DGAT) qui a été et restera la cheville ouvrière de la décentralisation en organisant dès 1993 les états généraux de la décentralisation qui ont eu le mérite de poser les jalons et qui s'est inscrite après dans une dynamique de renforcement des capacités pour un accompagnement adéquat des communes.

Ensuite, la mission de décentralisation (MD) qui s'est spécialement occupée du cadre légal et juridique de la mise en œuvre de cette réforme.

Et enfin, la maison des collectivités locales (MCL), qui est chargée d'assister et de jouer le rôle de conseiller auprès des communes. Elle intervient dans les négociations de partenariat intercommunal et assure la formation des élus locaux.

B- Les missions de ces trois structures (DGAT, MD, MCL)

Les trois structures ont eu comme objectif, le démarrage et l'accompagnement du processus de décentralisation. Mais chacune de ces structures avait une mission particulière.

Concernant la DGAT, elle a pour mission de :
- Coordonner, de suivre et d'encadrer les activités des circonscriptions administratives ;
- Suivre la tutelle administrative des collectivités locales ;
- Élaborer les textes relatifs au fonctionnement des circonscriptions administratives et des collectivités locales ;
- Coordonner les activités de préparation des consultations électorales ;

Assurer, en liaison avec la direction de l'administration, la formation technique initiale et continue des personnels des circonscriptions administratives[44].

---

[44] Cf. art. 1er de l'arrêté N° 146 / MISAT/DC/SG/DGAT du 10 septembre 1998.

S'agissant de la mission de décentralisation, elle est chargée de :

- proposer au gouvernement une stratégie globale pour la mise en œuvre efficace et la gestion dynamique et réaliste de la réforme de l'administration territoriale ;

- élaborer l'ensemble des textes législatifs et réglementaires permettant d'aboutir à un code administratif des collectivités ;

- proposer au gouvernement toutes les mesures d'accompagnement de la décentralisation administrative, portant notamment sur :

. L'organisation administrative des départements et des communes ;

. L'organisation financière des départements et des communes ;

. Les politiques de solidarité intercommunale ;

. Les stratégies de développement de ressources humaines ;

. La politique de communication.

- Réaliser toutes études sectorielles nécessaires à la gestion efficiente des affaires locales ;

- Assister et conseiller les collectivités décentralisées en ingénierie et en développement local ;

- Promouvoir la coopération décentralisée.

Quant à la maison des collectivités locales, elle a pour mission de :

- Renforcer, harmoniser et étendre à l'ensemble du territoire national des apports en ingénierie technique, administrative et financière dont auront besoin les élus et les cadres locaux pour gérer les communes ;

- Aider les communes à affirmer leurs responsabilités de maîtrise d'ouvrage ;

- Développer des outils d'aide à la décision ;

- Animer un réseau de conseil et d'assistance aux communes ;

Pour que ces structures puissent réaliser leurs missions, il faut des organes compétents à l'intérieur de ces structures et aussi les moyens.

Paragraphe 2 : L'organisation et les moyens de ces structures

Dans ce paragraphe, nous allons d'une part voir l'organisation interne de ces structures (A) et d'autre part les moyens de ces structures (B).

A- L'organisation interne de ces structures

Un organe est une partie d'une structure qui remplit une fonction qui lui est propre. Les organes permettent aux structures de mieux réaliser leurs missions.

C'est dans ce cadre que chacune de ces structures d'appui à la décentralisation possède un certain nombre d'organes. Pour la DGAT, selon l'article 3 de l'arrêté N° 146 (MISAT/DC/SG/DGAT), du 10 septembre 1998, elle a quatre organes qui se complètent à savoir :

- la direction de l'administration de l'État. Cette dernière est composée aussi de :

* un service des circonscriptions administratives ;

* un service de l'aménagement du territoire et du développement régional ;

* un service des affaires générales, des affaires politiques et des consultations électorales ;

* un secrétariat ;

- la direction des collectivités locales, qui est composée de :

* un service de la tutelle et du contentieux ;

* un service de la coopération décentralisée ;

* un service d'appui au développement local ;

* un service des finances locales ;

* un service des publications, de l'information et de la documentation ;

*un secrétariat.

S'agissant de la mission de décentralisation, on ne parle pas de services mais de cellules. Pour cela, la mission de décentralisation dispose d'une structure d'appui technique composée comme suit[45].

- un président de la mission de décentralisation ;
- un secrétariat général ;
- une cellule organisation administrative et ressources humaines ;
- une cellule organisation financière ;
- une cellule cadre juridique ;
- une cellule coopération décentralisée et politique de solidarité ;
- une cellule communication et assistance – conseil ;

Concernant la maison des collectivités locales, c'est une structure qui est chargée d'assister et de jouer le rôle de conseiller auprès des communes. Dans ce cadre, elle assure la formation des élus locaux. Pour cette raison, son personnel ne reste pas au bureau, au contraire, ils sont toujours sur le terrain. Pour la mise en œuvre de ses activités, la MCL dispose d'une équipe d'appui organisée comme suit :

- un directeur ;
- un assistant technique, conseiller en gestion municipale et urbaine
- un agent comptable ;

[45] Cf. Art 5 du décret N° 97-253 du 24 mai 1997

- un conseiller en gestion des ressources humaines ;
- un conseiller en développement local ;
- un conseiller à l'information et à la communication.

B- Les moyens de ces trois structures

Comme les autres institutions ou structures de l'État, les trois structures chargées de la mise en œuvre et du suivi du processus de la décentralisation au Bénin ont besoin des moyens pour accomplir leurs missions.

Comme nous l'avons vu, les trois structures sont placées sous l'autorité du ministère de la sécurité publique et des collectivités locales. Dans ce cadre, leurs budgets sont intégrés au budget du ministère chargé de l'administration territoriale. Toujours concernant leurs moyens financiers en dehors de leurs budgets intégrés dans celui du ministère de la sécurité publique et des collectivités locales, la mission de décentralisation (MD) et la maison des collectivités locales ont des partenaires qui financent certaines de leurs activités. On peut ajouter aussi que ces structures bénéficient des dons et de subventions.

S'agissant des moyens humains, le constat est que ces structures ont un nombre insuffisant de personnels.

Quant aux moyens matériels, en général, ces structures manquent des infrastructures. Actuellement, seule la mission de décentralisation a son propre bâtiment. Pour la direction générale de l'administration territoriale, ses bureaux sont abrités dans les locaux du ministère de la sécurité publique et des collectivités locales, alors que la maison des collectivités locales vient d'acquérir un terrain où elle va construire ses bureaux.

Après l'étude sur la création, les missions, les différents organes et les ressources de ces structures, nous allons voir les activités de ces structures, le cadre particulier du stage et les suggestions.

Section II :
Les activités de ces structures, cadre particulier du stage et suggestions

Dans cette section, ce sont les activités et le cadre particulier du stage qui retiendront notre attention en premier lieu (paragraphe 1) et notre réflexion portera en second lieu sur les suggestions (paragraphe 2).

Paragraphe 1 : Les activités de ces structures et cadre particulier du stage

Ces trois structures chargées de la mise en œuvre et du suivi du processus de la décentralisation au Bénin, pour accomplir leurs missions, mènent un certain nombre d'activités.

Nous verrons certaines de ces activités en premier lieu (A) avant de présenter le cadre particulier du stage (B).

A- Les activités de ces trois structures (DGAT, MD, MCL)

Les trois structures clefs et indispensables pour une bonne et efficiente conduite du processus de la décentralisation au Bénin mènent plusieurs activités. Mais on constate que certaines activités se retrouvent en même temps dans les domaines d'activités de ces trois structures.

Pour résoudre ce problème, au commencement de leurs activités, ces structures se mettent ensemble pour s'entendre sur les activités qui seront exercées par chacune de ces structures.

Mais cela ne pose pas de problèmes étant donné que ces structures ont une mission de complémentarité.

Concernant les activités de la DGAT, celles qui sont exercées par la direction de l'administration d'État sont:

- coordonner et assurer le suivi des activités menées par les préfets des départements dans l'exercice de leurs fonctions de représentants de l'État ;
- préparer les dossiers des consultations électorales ;
-proposer, mettre en œuvre et évaluer l'organisation des préfectures et plus généralement de la représentation territoriale de l'État ;
- veiller au respect à la maîtrise de l'exercice des compétences déconcentrées, animer et réaliser les études et mener les actions dans ces domaines.
- veiller à la mise à la disposition des préfectures des moyens financiers, humains et matériels nécessaires à leur efficacité et à leur modernisation ;
- veiller à la formation continue du personnel des circonscriptions administratives[46].

Pour la direction des collectivités locales, l'article 6 de l'arrêté N° 146 précité dispose qu'elle est compétente pour :

- proposer les règles d'organisation et de fonctionnement des collectivités locales et leurs établissements publics ;
- veiller à ce que les intérêts et les spécificités des collectivités locales soient pris en compte par les autorités étatiques ;

[46] C f. Art. 4 de l'arrêté N° 146/MISAT/DC/SG/DGAT du 10 septembre 1998

- veiller à la promotion des mécanismes de solidarité intercommunale et au bon fonctionnement de l'appui financier de l'État aux communes.

- promouvoir la fonction publique territoriale ;

- promouvoir la coopération décentralisée ;

Les activités du service des publications d' l'information et de la documentation sont :

- l'information générale du public sur l'administration territoriale ;

- l'élaboration et la publication de tous documents et ouvrages sur les collectivités locales ;

- constitution d'un fond documentaire relatif aux collectivités locales.

S'agissant de la mission de décentralisation, selon l'article 9 du décret N° 37-253 du 23 mai 1997, la cellule organisation administrative et ressources humaines est chargée de :

- proposer une adaptation de l'administration centrale de l'État au nouveau contexte de la décentralisation /déconcentration ;

- élaborer des plans de développement des compétences locales (personnels communaux et des services déconcentrés, élus locaux) ;

- organiser les cycles de formation appropriés à chaque catégorie d'acteurs de la décentralisation ;

Pour la cellule organisation financière, il s'agit de :

- concevoir, élaborer et suivre la mise en œuvre de tous les instruments de gestion des communes et des préfectures ;

- élaborer les méthodes de calcul des concours aux communes pour chaque année à faire intégrer au budget général de l'État[47] ;

- mettre en place le fonds de solidarité intercommunale[48] ;

Pour la cellule cadre juridique on cite comme activité, selon l'article 11 du décret N° 97-253 :

- élaborer le statut des personnels communaux ;

- élaborer tous les décrets d'application et notamment ceux relatifs aux ;

* communes à statut particulier ;

* chefs lieu de département ;

* noms et limites des arrondissements.

Selon l'article 12 du décret N° 97-253 précité, la cellule coopération décentralisée et politique de solidarité est chargée de :

- faciliter la passation d'accord de coopération décentralisée ;

- faciliter la mise en place des structures d'échanges;

- proposer au gouvernement un mécanisme approprié pour financer le développement local ;

Et enfin la cellule communication, assistance – conseil et formation est chargée de :

- organiser la sensibilisation méthodique et systématique de toutes les institutions de l'État

- organiser une grande croisade médiatique à travers:

* la diffusion de brochures et documents en français et en langues nationales ;

* des campagnes d'information des milieux scolaires;

---

[47] C f. Art 8 de l'arrêté N° 146 précité

[48] C f. Art. 10 du décret N° 97-253 précité

- élaborer les outils d'appui au développement communal ;

- fournir une assistance et des conseils aux communes.

Quant à la maison des collectivités locales, pour accomplir sa mission, elle a élaborée les programmes ci-après :

- le programme de formation. Il s'agit de :

* formation des acteurs de la décentralisation, principalement les élus locaux et les personnels communaux.

* élaboration des plans pluriannuels de formation.

Dans ce cadre, la maison des collectivités locales dispose dans son portefeuille d'une trentaine de modules basiques et spécifiques de formation.

- le programme des études et outils d'aide à la décision. Il s'agit de :

* élaborer et mettre à la disposition des communes des guides pratiques de gestion des services locaux ;

* doter les communes de manuels de procédure ;

* aider les communes à disposer en permanence de banque de données fiables et exploitables.

- le programme de coopération décentralisée.

Il s'agit de :

* faciliter les actions de jumelage – coopération entre les communes béninoises et les collectivités locales étrangères ;

* renforcer le partenariat de la MCL au plan international ;

- le programme information et communication. Il s'agit de :

* fournir l'information plurielle sur la décentralisation au Bénin ;

* faire connaître les activités, produits et références de la maison des collectivités locales ;

* accroître les ressources de la maison des collectivités locales.

Par ailleurs, la mission de décentralisation et la maison des collectivités locales sont confrontées à plusieurs défis dont la concertation et la cohérence entre tous les partenaires, le renforcement des capacités des acteurs du processus et la promotion d'une bonne articulation entre les communes (intercommunalité) et entre les communes et les gouvernements[49].

Après les activités de ces différentes structures, nous allons voir le cadre particulier du stage.

B- Le cadre particulier du stage: lieu du stage et tâches effectuées

Dans le cadre de nos recherches, nous avons fait un stage qui s'est déroulé dans les trois structures chargées de la mise en œuvre et du suivi du processus de la décentralisation au Bénin.

Les trois structures qui sont sous tutelle du ministère de la sécurité publique et des collectivités locales sont.

- la direction générale de l'administration du territoire (DGAT) ;
- la mission de décentralisation (MD) ;
- la maison des collectivités locales (MCL) ;

49 LANGLEY (PH.) et MONDJINAGNI (A.), op.cit., p. 22

Comme nous l'avons déjà vu, la DGAT est l'une des directions du ministère de l'intérieur, pour cette raison, elle ne dispose pas des locaux propres. Ses bureaux se trouvent dans les locaux du ministère de la sécurité publique et des collectivités locales au champ de foire. Elle se trouve sous la responsabilité d'un directeur général de l'administration du territoire.

En cas d'absence du directeur général, il est désigné par note de service le directeur chargé de l'intérim[50].

S'agissant de la mission de décentralisation (MD), elle a été créée le 23 mai 1977 par un décret portant création, organisation, attribution et fonctionnement de la MD. Son siège se trouve à Cotonou dans le quartier Zongo, derrière la pharmacie Camp GUEZO.

Elle se trouve sous la responsabilité du président de la mission de décentralisation. Mais comme nous l'avons déjà signalé en haut, cette structure a fini sa mission, quatre ans après le démarrage du processus de décentralisation.

Quant à la maison des collectivités locales, elle a été créée par décret N° 97-272 du 9 juin 1997 et son siège social est à Cotonou, quartier MISSITE-CARRE 195. Elle a un directeur qui coordonne toutes ses activités. Dans les jours à venir, la maison des collectivités locales portera le nom du « siège des élus locaux ».

A l'égard des tâches effectuées, notre stage n'a duré que deux mois, il s'est déroulé dans trois structures différentes.

---

[50] C f. Art. 12 de l'arrêté N° 146 précité

En fonction de trois semaines au plus par structure. Raison pour laquelle nous avons bénéficié des informations concernant les différentes activités qui sont menées par ces structures. En plus nous avons participé à l'exécution de certaines tâches. Par ailleurs, nous avons échangé avec certaines autorités de ces structures, et dans ce cadre, des propositions ont été faites en faveur de ces autorités.

Pour conclure, nous avons constaté que certaines de ces tâches sont en ce qui concerne leur exécution conforme aux enseignements théorique reçus.

Par contre d'autres présentent des spécificités du fait de leur milieu d'exécution.

Après les activités et cadre particulier du stage, quelques suggestions ont étés faites

Paragraphe 2 : Les suggestions

Après notre stage, les suggestions ont été faites. Certaines sont relatives à l'amélioration des prestations de ces trois structures (A) et d'autres pour le renforcement des points faibles de la décentralisation au Bénin (B).

A. Les suggestions pour l'amélioration des prestations de ces trois structures

Les trois structures d'appui au processus de décentralisation au Bénin émanent de l'État. Il s'agit de: DGAT, MD, MCL. Elles ont préparé et continuent à accompagner la mise en place de la décentralisation en conformité avec les lois.

Mais on constate que ces structures ont plusieurs défis à relever dont la concertation et la cohérence entre tous les partenaires, le renforcement des capacités des acteurs du processus et la promotion d'une bonne articulation entre les communes (intercommunalité) et entre les communes et le gouvernement. Dans l'exercice de leurs activités, ces trois structures sont confrontées à un certain nombre de problèmes. Il s'agit de :

- absence de séparation claire des domaines de compétences de ces trois structures étant donné qu'une même activité peut faire partie du domaine de ces trois structures en même temps. C'est l'exemple de l'élaboration et la publication des documents et ouvrages relatifs aux collectivités locales.
- l'absence aussi des ressources propres peut causer deux problèmes majeurs :

Premièrement, le fait que leurs budgets font partie intégrante du budget de l'État, les gouvernements peuvent bloquer leurs activités. Deuxièmement, certaines structures sont financées à plus de 50 % par les partenaires au développement. Et ces derniers peuvent suspendre leurs financements à tout moment.

Et enfin, ces structures sont encore confrontées à un problème de moyens humains. Par exemple la maison des collectivités locales a un personnel insuffisant et il est encore difficile de résoudre ce problème à cause de leur budget qui ne dépend pas de la structure elle-même.

S'agissant de la direction générale de l'administration du territoire, là aussi on a ce problème de personnel. Après les suggestions pour l'amélioration des prestations de ces trois structures, nous allons parler de points faibles de la décentralisation au Bénin.

B- Les suggestions pour le renforcement des points faibles de la décentralisation au Bénin

La décentralisation vise la promotion de la démocratie à la base et le développement local. Depuis le démarrage du processus de décentralisation au Bénin, on constate qu'on est à un niveau avancé mais cela n'empêche pas qu'il y ait encore quelques défis à relever. D'abord, on peut évoquer la question de l'imprécision des textes. On a constaté que les textes attribuant les pouvoirs aux autorités décentralisées manquent à certains endroits, de précision par rapport à la répartition des tâches entre l'État et les communes.

Par exemple, l'article 97 de la loi N° 97-029 du 15 janvier 1999 et l'article 19 de la loi N° 98-005 du 15 janvier 1999 se contentent de signaler que la commune a la charge de construction, de l'équipement et de la réparation des établissements publics et ne disent rien à propos du personnel enseignant.

En plus, on peut signaler comme défi à relever le fait que les lois qui régissent la décentralisation ne définissent pas le profil du maire. C'est-à-dire que n'importe qui peut se présenter et se faire élire. Il suffit de savoir lire et écrire le français. Ce ci rend difficile la lecture et l'interprétation des textes écrits dans un français qui dépasse leur niveau intellectuel.

Ensuite, la décentralisation demande le transfert de compétences et de ressources aux autorités communales par les autorités centrales. Ce transfert demande un renforcement de compétences des services déconcentrés pour qu'ils puissent apporter leur concours aux communes.

Ces changements doivent s'insérer dans une restriction des ministères techniques et s'accompagner d'une révision de stratégies sectorielles, d'une nouvelle répartition des tâches et du réaménagement des procédures. *Il faudrait aussi une véritable volonté de la part de l'État central pour opérer ce transfert de compétences, ce qui actuellement n'est pas le cas*[51].

Le constat est que la plupart des ministères n'ont pas modifié leurs pratiques pour transférer aux communes les tâches qui leur reviennent selon la loi. Pour y arriver, il faudrait un changement d'attitude de la part de nombreux cadres des services de l'État qui

---

[51] LANGLEY (PH.) et MONDJINAGNI (A.), op.cit., p. 59

n'ont pas réellement accepté le principe de la subsidiarité et ne sont pas particulièrement prêts à renoncer à une part de leur pouvoir technique.

Dans un processus de décentralisation, il est possible, sur la base de l'expérience, de définir un certain nombre de conditions de réussite. Elles sont les suivantes :

* les possibilités de financement doivent être en adéquation avec les responsabilités confiées ;

* les autorités locales doivent connaître les coûts de la livraison des services, de façon à prendre des décisions éclairées ;

* les communautés doivent avoir la possibilité d'exprimer leurs préférences d'une façon qui lie les décideurs politiques ;

* il doit y avoir un système de réduction de comptes basé sur le caractère public et transparent de l'information.

Enfin, le processus de la décentralisation surtout au Bénin est confronté encore à un certain nombre de problèmes à résoudre. Il s'agit de :

* le conflit de compétences entre les élus locaux et les autorités traditionnelles dans certaines communes ;

* l'insuffisance des cadres au niveau des communes;

* l'insuffisance des moyens matériels et financiers ;

* les autorités centrales doivent préciser sans ambiguïté les infrastructures et équipements qui relèvent du domaine communal et ceux qui relèvent de l'État, en fonction des ressources potentielles attribuées.

Dans le cadre du développement local, c'est la décentralisation qui permet la détermination du rôle de chacun des acteurs du développement local et leur participation effective au développement.

Deuxième partie:

L'implication de la décentralisation dans le développement local

La décentralisation est un système administratif et politique dans lequel certains pouvoirs de décisions sont assumés par les organes autonomes généralement élus, ayant personnalité juridique, ressources et autorités propres. On a constaté que la décentralisation apparaît comme une solution pour les désengagements de l'État et la prise en charge du développement par les communautés de base, selon une conception autogestionnaire[52].

Le fait de lier décentralisation et développement se fonde sur cette double hypothèse : le développement à la base est le meilleur garant du développement durable et l'espace local apparaît moins contraint que l'espace national.

Selon l'ONU, les gouvernements doivent décentraliser, le plus rapidement possible, les pouvoirs de décisions pour accélérer leur développement économique et social et pour donner aux programmes un effet durable[53].

Dans cette partie, nous allons analyser les conditions de réussite du développement local dans le contexte de la décentralisation (chapitre 1).

Étant donné que les acteurs de la politique économique mondiale sont unanimes à considérer que l'espace communal est aujourd'hui le plus approprié pour cerner et traiter efficacement les problèmes économiques et sociaux, nous verrons l'état actuel, du développement local de la commune d'Abomey-Calavi (au Bénin), depuis le démarrage du processus de décentralisation (chapitre 2).

---

[52] NACH MBACK (C.), op. cit., p. 32
[53] Nations Unies, *op.cit.*

Chapitre 1:
Les conditions de réussite du développement local dans le contexte de la décentralisation

La décentralisation constitue aujourd'hui le meilleur moyen de gérer efficacement les affaires locales de par le monde. Cela parce qu'elle permet la participation effective des acteurs du développement local à la gestion des biens publics.

Sont considérés comme acteurs du développement local, toutes les personnes qui, de par leurs activités, leurs compétences et leurs moyens, contribuent à la valorisation des ressources de la collectivité locale[54]. Les acteurs locaux se retrouvent à trois niveaux : la commune, l'État et les partenaires au développement.

La décentralisation étant un transfert de compétences et de moyens de l'État à une collectivité locale placée sous sa tutelle, nous étudierons les conditions de réussite du développement local dans le contexte de la décentralisation à deux niveaux ; à savoir : le niveau local et le niveau central.

Cela appelle que nous abordions le problème de la gouvernance locale et le renforcement de l'administration des communes d'une part (section 1) et le transfert de compétences du pouvoir central aux collectivités locales d'autre part (section 2).

---

[54] Maison des collectivités locales, op.cit., p. 8

Section I :
La gouvernance locale et le renforcement de l'administration des communes

C'est la gouvernance locale qui retiendra notre attention en premier lieu (paragraphe 1), et nous examinerons en second lieu le renforcement de l'administration des communes (paragraphe 2).

Paragraphe 1: La gouvernance locale pour le développement local

Pour ce qui concerne la gouvernance et sa définition, la difficulté est que toutes les grandes organisations internationales ont chacune élaboré leur propre définition de la gouvernance.

Mais par gouvernance, on entend généralement l'action de piloter, de diriger, de gérer et de gouverner les affaires d'une organisation.

Cette dernière peut être un pays, un groupe de pays, une région, une collectivité territoriale ou une entreprise publique ou privée.

Selon le PNUD, la gouvernance est l'exercice du pouvoir économique, politique, administratif aux fins de gérer les affaires d'un pays à tous les niveaux.
Elle touche aux mécanismes, aux procédures et aux institutions qui permettent aux citoyens de défendre leurs intérêts, d'exercer leurs droits, de s'acquitter de leurs obligations et de régler leurs différends.

Des principes pour qu'il y ait une bonne gouvernance, on peut retenir quelques uns qui sont : l'accès démocratique au pouvoir, l'Etat de droit, la participation des populations, l'obligation de rendre compte, la lutte contre la corruption, la primauté au droit, une justice équitable, la recherche de consensus, l'efficacité et la productivité, une vision stratégique, …

S'agissant des domaines de la gouvernance on peut retenir :

- *la gouvernance politique* qui est un processus de prise de décisions relatives à l'élaboration des politiques dans tous les domaines. Elle se réfère à la gestion des affaires de la cité au sens large par les autorités politiques.
- *la gouvernance administrative* qui est le système de mise en œuvre des politiques définies plus haut par l'État ;
- *la gouvernance économique* recouvre les processus de prise de décisions qui ont une incidence sur les activités économiques du pays et ses relations économiques avec les autres pays ;
- et *enfin, la gouvernance locale* qui est définie comme *la gestion des affaires publiques au sens large au niveau local*. C'est cette dernière qui nous intéresse. Elle indique la manière dont la politique est menée et dont le pouvoir est exercé au niveau local. Dans le cadre du développement local, la gouvernance locale exige qu'il y ait la participation des populations locales au développement local (A) et aussi l'implication des compétences de l'État (B).

A- La participation des populations locales au développement local

La décennie 90 s'ouvre en Afrique sur une prise de conscience de l'importance de la participation des populations à l'élaboration et à l'exécution des politiques nationales et locales de développement[55]. C'est-à-dire que les acteurs non étatiques seront non seulement informés mais également impliqués dans l'orientation des politiques et stratégies de développement[56].

Les communautés se sont elles-mêmes dotées d'organisations à fonctions spécifiques. Ici on va identifier des acteurs, des actions conduites et des problèmes qu'ils rencontrent.

S'agissant des acteurs on peut citer notamment :

- les associations locales de développement ;

Au Bénin, les associations locales de développement ont fait leur apparition dans les années 80.

Il existe ainsi une catégorie particulière que la conférence nationale a classée sous la rubrique ''associations régionales''. La première cause de la prolifération de ces regroupements locaux se trouve en effet dans l'incapacité des chefs de districts à encadrer les populations et à canaliser leur énergie vers les projets de développement local.

---

[55] BILLAZ (R), TOTTE (M) et DAHOU (T), *La Décentralisation en Afrique de l'ouest entre politique et développement*, Paris, KARTHALA, 2003, p. 76

[56] NACH MBACK (C.), op.cit., p 82

Celles-ci laissées à elles-mêmes, se constituent en associations et coopératives de développement[57]. Ces associations s'investissent dans des tâches de sensibilisation et de réhabilitation du patrimoine culturel, des structures économiques et sociales dans leurs localités respectives. Encore, certaines élites financent des microprojets liés au développement de leur localité d'origine.

Avec le démarrage du processus de décentralisation, des conflits de compétences naissent entre les nouvelles autorités élues, les conseillers communaux et les responsables des associations locales de développement.

- les autorités traditionnelles ;

Dans chaque communauté, il y a des pouvoirs locaux établis qui ont des fonctions, soit de représentation, soit de réglementation, voire de mobilisation sociale. La plus connue de ces institutions est la chefferie. *Ils ont également été utilisés pour donner une assise sociale aux politiques des gouvernants, notamment dans les zones rurales*[58].

La présence de ces autorités peut donc être utilisée dans une stratégie de séduction des populations inquiètes du dépérissement des valeurs coutumières devant l'urbanisation galopante.

---

[57] Idem

[58] NACH MBACK (C.), op.cit., p. 85

Au Bénin, ils sont répertoriés sous la catégorie « personnalités et sages ». Ils sont chefs ou notables traditionnels. Ces autorités ambitionnent de jouer un rôle actif dans le processus de développement et interviennent pour la gestion des problèmes fonciers et pour des raisons relatives au projet de développement.

- les autorités religieuses ;

Elles jouent un rôle important dans l'encadrement des populations. *Le religieux jouit auprès des populations du prestige que procure le statut d'envoyé de Dieu, ou plus simplement de la confiance que peut inspirer son attitude de bienveillance neutralité*[59]. Ce prestige est rehaussé par son implication dans des tâches de développement ou d'assistance des populations en matière de santé et d'éducation.

Les communautés religieuses s'occupent aussi de l'alphabétisation et de la formation des jeunes filles en économie familiale.

Au Bénin, les trois tendances religieuses dominantes du pays (église catholique, église protestante et l'islam) étaient représentées à la conférence nationale par quatre délégués chacune. En plus un représentant des religions traditionnelles et deux représentants de la religion dite du Christianisme Céleste.

- Les organisations coopératives.

Il s'agit des associations des personnes liées par des intérêts communs à caractère économique et social. Elles jouent dans certaines régions un rôle de moteur pour les transformations socio-économiques.

---

[59] Idem

Il existe aussi des associations coopératives de modernisation ou d'aménagement local qui servent d'agents mobilisateurs des énergies locales.

On peut ajouter aussi les organisations de producteurs.

B- Implication des compétences de l'État

Après la décentralisation, l'État reste responsable vis-à-vis des communes. Cette responsabilité s'exerce à travers la tutelle. *La tutelle est une institution (...) consistant en un contrôle exercé par l'État sur les collectivités décentralisées moins dans leurs intérêts qu'en vue, surtout, de la sauvegarde de l'intérêt général ou de la légalité*[60].

C'est dans ce cadre que l'État exerce ainsi une mission de tutelle administrative. Il a en plus l'obligation de soutien aux communes pour garantir la solidarité et l'harmonie nationale.

Concernant la tutelle des communes, au Bénin, elle est confiée au préfet de département. La tutelle administrative comporte essentiellement deux volets :

- l'assistance – conseil à la commune et le contrôle de la légalité[61].

L'assistance conseil de la tutelle consiste à garantir aux communes l'assistance des services déconcentrés de l'État en ce qui concerne notamment l'élaboration du budget communal, la construction d'une piste rurale,...

---

[60] GUILLEN (R) et VINCENT (J), op.cit., p. 527

[61] Cf. Art. 142 de la loi N° 97-029 du 15 janvier 1999 portant organisation des communes en République du Bénin.

D'État béninois a créé une structure spéciale appelée « maison des Collectivités Locales » qui est chargée de l'assistance – conseil aux communes.

En effet, *le contrôle de la légalité consiste à veiller à la conformité des actes du Maire et du Conseil Communal, Municipal aux lois et aux règlements de la république*[62].

Outre le pouvoir de tutelle, la loi fait obligation à l'État de soutenir les communes. L'article 186 de la loi N° 97-029 du 15 janvier 1999 portant organisation des communes en République du Bénin dispose que : « *pendant une période de trois ans à compter de la mise en place des organes des communes, l'État assure leur bon fonctionnement, en octroyant des subventions et des crédits aux communes dont les ressources financières se révèlent insuffisantes pour l'équilibre de leur budget de fonctionnement.*

Ces subventions et crédits spéciaux doivent faire annuellement l'objet d'une inscription au budget de l'État ».

Enfin, l'État continuera à faire face aux besoins d'investissement sur toute l'étendue du territoire national à hauteur des crédits budgétaires votés.

En plus de la gouvernance locale, il faut renforcer l'administration des communes.

---

[62] Maison des Collectivités locales, op.cit., p. 107

<u>Paragraphe 2</u> : Le renforcement de l'administration des communes

La réussite du développement local demande le renforcement de l'administration des communes ou des collectivités décentralisées.

Dans ce paragraphe, nous allons mettre l'accent sur le problème de la disponibilité des ressources humaines au niveau des communes (A) et sur l'organisation des sessions de formation et un environnement favorable au travail (B).

A- La disponibilité des ressources humaines au niveau des communes

Les ressources humaines sont les personnes physiques ou morales de droit public ou privé, qui de part leurs activités contribuent au développement économique, social et culturel de la commune[63].

La question de pénurie de ressources humaines qualifiées se pose dans le contexte actuel d'administration des communes. Dans cet état, les collectivités territoriales ne peuvent pas exercer leurs compétences et de jouir des prérogatives qui leur sont accordées.

Pour cette raison, étant donné que les ressources humaines constituent le capital humain dont la commune a besoin pour promouvoir son développement par la mise en œuvre des plans.

---

[63] Idem

Les autorités devront engager des actions pour valoriser les forces locales dont les activités concourent notablement au développement économique, social et culturel et à la promotion des richesses locales.

Le rôle des ressources humaines pour promouvoir le développement local a été reconnu comme toute autre stratégie.

En effet, *le déficit en ressources humaines de qualité explique en grande partie l'état de délabrement de certaines collectivités locales*[64]. L'opiniâtreté mise par la puissance publique à résoudre le problème des ressources humaines des collectivités locales a été retenue comme un des signes les plus probants. Elle justifie de la volonté politique de promouvoir une décentralisation effective. Des solutions expérimentées dans les différents contextes montrent que sur cette question, la réflexion avance lentement. Alors qu'il s'agit pourtant d'un des éléments cruciaux pour faire émerger une culture de l'administration locale.

La disponibilité des ressources humaines au niveau des communes ne suffit pas. Il faut aussi l'organisation des sessions de formation et un environnement favorable au travail.

---

[64] CLAUZEL (J.),op.cit., p.19

B- L'organisation des sessions de formation et un environnement favorable au travail.

Concernant l'organisation des sessions de formation, pour améliorer notamment les administrations locales, la formation du personnel et des élus est indispensable et doit occuper une place de choix dans la mise en œuvre des politiques de décentralisation.

Au Bénin, l'organisation des sessions de formation est l'une des activités de la maison des collectivités locales.

Dans ce cadre, elle s'est fixée comme objectif de renforcer les compétences des ressources humaines des communes. *La formation proprement dite, qu'elle s'adresse aux agents et cadres, ou aux élus, doit s'inscrire dans la durée, et être faite autant que possible sur le terrain, sous forme de compagnonnage, avec le souci constant d'allier savoir, savoir-faire, et savoir être*[65].

En plus, des séances de recyclage doivent être organisées au profit des élus locaux principalement les maires et les chefs d'arrondissements. Ces séances doivent porter aussi sur les techniques de gestion administrative. Elles doivent aussi aider à comprendre le rôle que doivent jouer les collectivités décentralisées dans le développement local.

---

[65] CLAUZEL (J.),op.cit., p.19

S'agissant d'un environnement favorable au travail les autorités doivent mettre en œuvre des mesures de motivation des personnels communaux. Chaque autorité ou employé doit savoir avec exactitude la mesure dans laquelle elle peut intervenir pour éviter des empiétements. Des autorités doivent aussi former et développer les échanges entre les différentes institutions communales et créer ainsi un cadre permanent de concertation des acteurs communaux.

Toujours dans le cadre d'un environnement favorable au travail, on doit mettre en place le personnel nécessaire pour éviter la fatigue excessive. Il faut aussi à la disposition des personnels les moyens de déplacement si nécessaire et aussi une bonne rémunération des personnels.

La priorité des autorités communales doit être d'améliorer le cadre de vie et de travail du personnel communal.

La réussite de la gouvernance locale et le renforcement de l'administration des communes dans un processus de décentralisation demande le transfert de compétences du pouvoir central aux collectivités locales.

Section II :
Le transfert de compétences du pouvoir central aux collectivités locales

Le transfert signifie ici la cession, la transmission ou encore la dévolution d'un pouvoir d'agir ou de poser des actes à caractère administratif.

Il s'agit pour l'État, de confier à des collectivités locales, dans le cadre de la mise en œuvre de la politique de décentralisation, le soin de détenir et de gérer en ses lieux et place, des compétences initialement détenues et gérées par des services publics centraux ou déconcentrés en vertu des attributions des ministères dont ces derniers relèvent.

Dans ce cadre, l'État et le ministère gèrent désormais les questions purement régaliennes et réalisent les projets d'envergure nationale. De plus, le mot transfert a été concurrencé par celui de partage dans la définition de compétences locales. L'on a tantôt parlé de partage de compétences tantôt de transfert de compétences[66].

Il arrive, même, que les deux concepts soient utilisés indistinctement, figurant qu'ils sont synonymes et qu'ils puissent autrement passer l'un pour l'autre.

Mais ici, il est question indistinctement de transfert de compétences de l'État aux collectivités locales et de partage de compétences entre celles-ci et celui là, une telle confusion n'est certainement pas souhaitable[67].

---

[66] NACH MBACK (C.), op.cit., p 404
[67] Idem

Dans le cadre du développement local, certaines questions se posent notamment : quels sont les objectifs du transfert de compétences ? Quels sont les moyens d'accompagnement du transfert de compétences ? Et enfin quels sont les domaines de compétences du développement local ?

En premier lieu, nous verrons les objectifs du transfert de compétences et les moyens d'accompagnement du transfert de compétences (paragraphe 1) et en second lieu, les domaines de compétences du développement local (paragraphe 2).

Paragraphe 1 : Objectifs du transfert de compétences et moyens d'accompagnement du transfert de compétences

Le développement socio-économique à la base peut devenir une réalité si l'exigence du transfert peut être satisfaite et si les moyens d'accompagnement de ce transfert de compétences peuvent être mis en place effectivement.

Dans cette partie, nous allons examiner d'abord, les objectifs et la volonté des autorités centrales dans la mise en œuvre de ce transfert de compétences (A) et ensuite les moyens d'accompagnement du transfert de compétences (B).

A- Les objectifs et la volonté des autorités centrales dans la mise en œuvre de ce transfert de compétences

Le transfert de compétences de l'État aux collectivités locales vise les sept principaux objectifs suivants :

1. accélérer le développement local durable ;
2. consolider les bases de l'édifice démocratique ;
3. développer la bonne gouvernance ;
4. réaliser efficacement l'équipement de base dans toutes les parties habitées du territoire national ;
5. promouvoir l'éclosion de compétences et d'initiatives locales;
6. impulser une nouvelle dynamique au profit des économies locales ;
7. offrir aux populations concernées l'opportunité de prendre véritablement en main leur propre développement.

Les compétences transférées aux communes sont énumérées par l'article 82 à 108 de la loi N° 97-029 du 15 janvier 1999 portant organisation des communes en République du Bénin. Dans le cadre des réformes décentralisatrices, trois principes suivants doivent être respectés[68] :

1. le principe fondamental de la subsidiarité selon lequel une compétence donnée doit être transférée à une collectivité territoriale qui par sa position géographique est la mieux placée pour l'exercer ;

2. le principe d'équilibre part du souci que l'État ne doit pas, sous le couvert de transfert de compétences, se contenter de décharger sur les collectivités locales des tâches qu'il n'arrive plus à effectuer pour des raisons diverses[69]. Cela parce que ces tâches n'auraient pas de chance d'être effectuées par leurs nouveaux responsables qu'elle n'en a eues sous la responsabilité de l'État ;

3. le principe d'égalité de toutes les collectivités. Ce principe est traduit, au plan normatif par l'interdiction de toute tutelle, de quelque forme que ce soit, d'une collectivité locale sur une autre.

S'agissant de la volonté des autorités centrales dans la mise en œuvre de ce transfert de compétences, on a constaté que l'État et les administrations ministérielles ont du mal à prendre les dispositions nécessaires pour effectuer les transferts.

---

[68] NACH MBACK (C.), op.cit., p. 399
[69] Idem

Cela empêche les communes d'exercer leurs compétences. Pour élaborer et mettre en œuvre des procédures, il faudrait un changement d'attitude de la part de nombreux cadres des services de l'État qui n'ont pas réellement accepté le principe de la subsidiarité et ne sont pas particulièrement prêts à renoncer à une partie de leur pouvoir et des avantages qui parfois l'accompagnent.

C'est à cause de ce refus d'effectuer les transferts que les institutions de mise en œuvre de la décentralisation multiplient les concertations avec les ministères, d'une part pour évaluer le coût des transferts et d'autre part, pour déterminer leur rythme[70].

B- Les moyens d'accompagnement du transfert des compétences

Les dispositions réglementaires et organisationnelles doivent être prises pour accompagner le processus de décentralisation. La législation sur la décentralisation précise les compétences dévolues aux communes.

En effet, la décentralisation va de pair avec un fort désengagement de l'État de plusieurs secteurs du développement local qui deviennent des domaines de compétences des nouvelles collectivités locales.

---

[70] NACH MBACK (C), op.cit., p. 431

La loi précise le rôle des communes, des communautés, de l'État central et des services décentralisés c'est-à-dire que l'exercice de ces compétences crée de nouvelles relations entre les communes et l'État, notamment ses services déconcentrés.

Dans ce sens, les transferts de compétences sont accompagnés du transfert concomitant par l'État aux collectivités bénéficiaires de ressources et de biens nécessaires à l'exercice de ces compétences, sur la base d'une évaluation des charges préalables au transfert[71].

Les services extérieurs de l'État nécessaires à l'exercice de compétences transférées sont mis à la disposition des collectivités bénéficiaires de ces transferts. Dans ce cadre, les dispositions sont prises aussi, pour que tous les terrains, bâtiments et équipements appartenant à l'État et dont les activités ont été effectivement transférées aux collectivités locales, puissent revenir aux dites collectivités. Il en sera de même dans une large mesure du possible, des dotations inscrites au budget général de l'État et des personnels concernés.

Toujours dans le cadre d'accompagnement du transfert, il est institué une dotation globale de décentralisation (DGD), destiné à assurer, pour chaque collectivité, la compensation intégrale des charges résultats de compétences transférées et qui ne sont pas couvertes par des transferts de fiscalité[72].

---

[71] De LAUBADERE (A.) GAUDEMENT (Y.) et VENEZIA (J-C.), op.cit p. 195

[72] Idem

Pour cela, au Bénin, une somme de 10.457.459.000 F CFA a été versée aux communes par l'État pendant une période allant de 2003 à 2006. Cette somme couvre cinq natures de dotations suivantes :

- contribution de l'État au fonds de solidarité intercommunal ;
- contribution de l'État aux charges des collectivités locales déshéritées ;
- subvention d'équilibre pour le budget de fonctionnement ;
-Subvention de substitution à la taxe civique ;
- et enfin, les microprojets communaux.

Les collectivités locales ont besoin aussi des moyens techniques. Il s'agit ici des prédispositions, en matière de connaissance et de savoir faire, dont ont besoin les collectivités locales pour mener à bien leurs missions et exercer effectivement les nouvelles compétences dont elles ont reçues transfert.

Cela renvoie essentiellement aux ressources humaines. Ce sont des agents publics qui exercent des fonctions administratives ou techniques dans divers aspects de la gestion des collectivités locales. Autrement dit, un renforcement des capacités des communes est nécessaire pour qu'elles puissent exercer les compétences transférées.

Après les objectifs du transfert de compétences et moyens d'accompagnement comme conditions de réussite du développement local, on se pose la question de savoir les domaines de compétences qu'on peut qualifier comme ceux du développement local.

Paragraphe 2 : Les domaines de compétences du développement local

Les textes qui régissent la décentralisation au Bénin ont créé deux catégories de communes à savoir : les communes de droit commun dites communes ordinaires et les communes à statut particulier.

Cette distinction de deux catégories de communes est l'un des neuf principes fondamentaux de la réforme de l'administration territoriale au Bénin. Trois critères cumulatifs sont exigés pour une commune à statut particulier[73] :

- avoir au moins 100 000 habitants ;
- s'étendre de façon continue sur une distance de dix km au moins ;
- disposer de ressources budgétaires suffisantes pour faire face aux dépenses de fonctionnement et d'investissement. Trois villes remplissent actuellement ces critères : Cotonou, Porto-Novo et Parakou.

Le développement local est l'une des missions confiées aux autorités communales. En vertu de cette mission générale de développement, on distingue deux sortes de compétences des communes : les compétences générales de toutes les communes (A) et les compétences spécifiques aux communes à statut particulier (B).

---

[73] Cf. Art 2 de la loi N° 98-005 du 15 janvier 1999 portant organisation des communes à statut particulier.

A- Les compétences générales de toutes les communes

Selon, les articles 82 à 107 de la loi N° 97-029 du 15 janvier 1999 sept domaines de compétences sont transférés aux communes à savoir :

- Compétence en matière de développement local, l'aménagement, l'habitant et l'urbanisme.

Il s'agit de l'élaboration et l'adoption du plan de développement local, l'élaboration des documents de la planification, la délivrance des permis d'habiter et de construire, la promotion immobilière, l'autorisation et le contrôle de l'occupation du domaine public communal.

- Compétences en matière d'infrastructures, d'équipement et de transport. Dans ce domaine, les communes s'occupent des travaux d'aménagement, de gestion et de maintenance des infrastructures et d'équipement communaux, d'urbanisation, d'entretien des voies urbaines, des routes des pistes et des ouvrages d'art, de signalisation routière, d'éclairage public, des infrastructures hydrauliques, d'installation des lignes de télécommunication locales, des cabines publiques, des centres d'écoute publique, radiophonique et / ou télévisuelle, de transport des biens et des personnes.

- Compétences en matière d'environnement, d'hygiène et de salubrité.

Les communes sont chargées de la fourniture et la distribution d'eau potable, la collecte et le traitement des déchets, l'évacuation des eaux usées et des eaux pluviales, l'aménagement des bas fonds et de protection contre les inondations, de délimitation des zones interdites à l'urbanisation, de création et de gestion des cimetières, de création des plantations et des espaces verts, de protection des ressources naturelles, de préservation des conditions d'hygiène et de salubrité publique, de lutte contre les vecteurs de maladies transmissibles, de réglementation concernant l'assainissement individuel.

- Compétences en matière d'enseignement primaire, et maternel. Il s'agit pour les communes de la construction, d'équipement, d'entretien et de réparation des écoles publiques ;
- Compétences en matière d'alphabétisation et l'éducation des adultes, il s'agit de la promotion des langues nationales ;
- Compétences en matière de la santé et l'action sociale et culturelle. Les communes sont chargées de la réalisation des équipements, de réparation des centres publics de santé et de promotion sociale, des infrastructures publiques culturelles, de jeunesse, de sport et de loisir au niveau de l'arrondissement, du village et du quartier de ville ;
- Les compétences en matière des services marchands et les investissements économiques. Dans ce domaine, les communes s'occupent de la construction, d'équipement, de réparation, d'entretien et de gestion des marchés et abattoirs, de la promotion du tourisme et la promotion des activités économiques.

En plus des compétences ainsi énumérées pour toutes les communes du Bénin, les communes à statut particulier exercent d'autres compétences spécifiques.

B- les compétences spécifiques aux communes à statut particulier

Après les domaines de compétences qui sont transférées à toutes les communes du Bénin, il y a encore quatre domaines de compétences spécifiques aux communes à statut particulier.

C'est l'article 19 de la loi N° 98-005 du 15 janvier 1999 portant organisation des communes à statut particulier qui énumère ces compétences. Il s'agit de :

- Compétence en matière d'enseignement et de formation professionnelle. Dans ce domaine, la commune à statut particulier a la charge de la construction, des réparations, de l'équipement et de l'entretien des établissements publics d'enseignement secondaire et des centres de formation professionnelle du niveau communal ;
- Compétences en matière de transport et de circulation. Il s'agit pour la commune à statut particulier d'élaborer son plan de circulation urbaine, d'organiser les transports urbains collectifs, d'installer et d'entretenir les feux de signalisation ;
- Compétences en matière de sécurité. Dans ce domaine, il appartient aux responsables de la sécurité de soumettre au conseil municipal le plan annuel de sécurité publique et de lutte contre la délinquance et la criminalité ;
- Compétences en matière de communication. La commune à statut particulier a une obligation d'informer sa population sur la vie de la cité.

A cet effet, elle diffuse des organes d'informations écrites, crée et/ou favorise l'installation de statut de radiodiffusion sonore et de télévision locale.

Après l'étude des conditions de réussite du développement local dans le contexte de la décentralisation, nous allons par exemple analyser les pas franchis par les autorités de la commune d'Abomey-Calavi (au Bénin) dans le domaine de développement local, Depuis le démarrage du processus de décentralisation au Bénin.

Chapitre 2 :
La décentralisation et le développement local de la commune d'Abomey-Calavi

Le développement local est l'un des deux objectifs principaux de la décentralisation. Mais il ne suffit pas seulement de décentraliser pour atteindre cet objectif. *C'est pourquoi aux termes de l'article 84 de la loi 97-029 du 15 janvier1999, l'obligation est faite aux communes de se doter d'un plan de développement communal.*

Ce plan est défini comme un ensemble de dispositions pratiques et techniques qui permettent à une commune d'atteindre, par phases successives, des objectifs de développement par la mise en œuvre de projet[74].

C'est par la mise en œuvre de ce plan de développement que les autorités communales peuvent améliorer la situation socio-économique des populations. Depuis le démarrage de ce processus de décentralisation, nous allons analyser l'état des lieux du développement local de la commune d'Abomey-Calavi (section 1) avant de voir les faiblesses de la décentralisation face au développement socio-économique et les recommandations pour toutes les communes (section 2).

---

[74] Mission de décentralisation, Le Guide du Maire, op.cit., p. 61

<u>Section I</u> :
L'état des lieux du développement local de la commune d'Abomey-Calavi

Dans le cadre de l'amélioration de la situation socio-économique des populations, après le démarrage du processus de décentralisation les autorités de la commune d'Abomey-Calavi ont mené un certain nombre d'activités avec aussi la participation des populations. Certaines de ces activités ont comme objectifs, l'amélioration des conditions de vie des populations (paragraphe 1) et d'autres, le développement de l'économie et l'accroissement de la capacité de financement (paragraphe 2).

<u>Paragraphe 1</u> : L'amélioration des conditions de vie des populations par les autorités communales

Dans ce paragraphe, nous allons analyser d'abord, les activités menées par les autorités de la commune d'Abomey-Calavi dans le cadre du renforcement des équipements et services (A) et ensuite, les activités menées par ces autorités pour l'amélioration de l'hygiène, de l'assainissement et de l'aménagement foncier du territoire (B).

A- Le renforcement des équipements et services

Il s'agit ici, des activités des autorités communales pour le renforcement des équipements sociocommunautaires et des infrastructures socio-économiques.

Concernant les activités des autorités communales pour le renforcement des équipements sociocommunautaires, selon l'article 82 de la loi N° 97-029 du 15 janvier 1999, les autorités locales du fait des compétences qui leur sont attribuées par la loi, s'emploient au renforcement des centres de santé, de la promotion sociale et de l'amélioration des taux de scolarisation et d'alphabétisation.

- Le renforcement des centres de santé et de promotion sociale. L'article 100 de la loi 97-029 du 15 janvier 1999, précitée dispose : *« la commune a la charge de la réalisation de l'équipement et des réparations des centres publics de santé et de promotion sociale, des infrastructures publiques culturelles, de jeunesse, de sport et de loisirs, au niveau de l'arrondissement, du village ou du quartier de ville »*. D'après ce texte, le renforcement de ces centres de santé et de promotion sociale devient une tâche communale légale pour assurer le bien-être des populations.

Dans ce cadre, pour les autorités de la commune d'Abomey-Calavi, jusqu' à l'an 2009 les centres de santé des arrondissements de la commune ont été dotés à 30 % en matériel technique.

Encore, les autorités vont créer cinq centres d'animation pour la promotion sociale dans cinq arrondissements suivant : KPANROUN, ZINVIE, GLODJIGBE, OUEDO et GODOMEY[75]. Avant cela, un centre d'animation pour la promotion sociale a été déjà crée dans la commune[76]. En général, dans la commune deux centres de santé ont été dotés d'équipement médical.

En plus, elles vont équiper les anciens centres en matériel techniques. Par ailleurs, des démarches sont entreprises pour l'accroissement de l'effectif du personnel qualifié dans les centres de santé de la commune, au moins trois médecins, huit infirmiers d'état, huit sages femmes et six assistants sociaux pour les arrondissements de KPANROUN, ZINVIE, GLODJIGBE, OUEDO GODOMEY et CALAVI. Pour l'amélioration des taux de scolarisation et d'alphabétisation, les deux activités sont aussi des tâches communales prescrites par les articles 97 et 99 de la loi N° 97-029 précitée.

Ainsi en améliorant des taux de scolarisation et d'alphabétisation, la commune d'Abomey-Calavi suit son plan de développement communal et demeure conforme au cadre juridique relatif à la sphère de compétence des collectivités locales. Pour ce faire, elle prévoit :

- doter les villages et quartiers ayant des besoins en infrastructures scolaires et mobiliers ;

---

[75] Commune d'Abomey-Calavi, *plan de développement local*, (2005-2009),Calavi, 2005.

[76] Commune d'Abomey-Calavi, *programme annuel d'investissement* 2005, Calavi, mars 2005, p.27

- contribuer au recrutement d'enseignants qualifiés dans les écoles;

- doter les écoles primaires existantes de la commune en infrastructures scolaires et mobilières ;

- créer et équiper des bibliothèques villageoises.

Dans ce cadre, plus de sept modules de salles de classes ont été construites dans la commune et dotées de mobiliers. En plus, la commune a contribué au recrutement de quinze enseignants dans les écoles primaires.

S'agissant des activités communales, pour le renforcement des infrastructures socio-économiques, il s'agit pour les autorités communales, tel que recommandé par l'article 82 de la loi N° 97-029 du 15 janvier 1999 précitée, de mettre à la disposition des populations l'eau potable, l'électricité et aménager les infrastructures de communication.

- Pour l'eau potable, c'est une recommandation de l'article 93 de la loi N° 97-028 précitée. Selon cet article, la commune a la charge de la fourniture et la distribution d'eau potable. Pour atteindre cet objectif, un certain nombre d'activités sont prévues.

Ainsi la commune s'est engagée à implanter vingt cinq points d'eau potable (activité en cours) dans certains villages des arrondissements de Ouédo, Togba et Hêvié. Et encore, la commune s'est engagée à étendre le réseau d'adduction d'eau de la SONEB dans les arrondissements de Calavi, Akassato, Godomey et Zinvié. Mais il faut signaler que quatre points d'eau potable ont été implantés dans la commune.

Pour l'énergie électrique, c'est aussi une recommandation de l'article 88 de la loi N° 97-029 précitée. Il s'agit pour la commune d'Abomey-Calavi, de la réalisation et de l'entretien des réseaux d'éclairage public. Pour ce faire, les autorités communales s'engagent à étendre le réseau d'électricité de la SBEE de 45 Km, cela dans les arrondissements d'Akassato, Zinvié, Togba, Hêvié, Calavi et Godomey. Dans ce cadre, un protocole d'accord est signé entre la mairie et la SBEE pour l'extension de du réseau d'électricité dans la commune.

- Pour aménager et entretenir les infrastructures de communication, c'est toujours l'article 88 de la loi N° 97-029 précitée qui met cette charge aux autorités communales. La commune doit s'occuper de la réalisation et l'entretien des routes, pistes et ouvrages d'art, de la réalisation et de l'entretien des voies urbaines et de leurs réseaux d'assainissement en zones agglomérées. Pour atteindre cet objectif, un certain nombre d'activités sont prévues. Aussi la commune s'engage à inventorier les pistes prioritaires dans tous les arrondissements.

En plus, les autorités communales s'engagent à re-profiler 300 Km de voies dans tous les arrondissements, et actuellement 150 Km de voies sont déjà re-profilées. Dans la commune d'Abomey-Calavi, il y a 1270 mètres linéaires de voies déjà pavées.

Après le renforcement des équipements et services, les autorités communales s'engagent à améliorer l'hygiène, l'assainissement et l'aménagement foncier du territoire.

B- L'amélioration de l'hygiène, l'assainissement et l'aménagement foncier du territoire

Le développement local constitue pour les autorités locales une priorité. Elles doivent prendre pour cela les mesures nécessaires visant à assurer aux populations un environnement sain et viable.

Il s'agit pour les autorités communales de mener les activités pour l'amélioration de l'hygiène et de la santé ainsi que les activités pour l'aménagement foncier du territoire communal. S'agissant des activités pour l'amélioration de l'hygiène et de la santé, d'après l'article 93 de la loi N° 97-029 du 15 janvier 1999 portant l'organisation des communes en République du Bénin, la commune a la charge de la collecte et du traitement des déchets solides autres que les déchets industriels, de la collecte et du traitement des déchets liquides, des réseaux d'évacuation des eaux usées et des réseaux d'évacuation des eaux pluviales.

L'article 95 de la même loi quant à lui dispose : *« la commune veille à la préservation des conditions d'hygiène et de la salubrité publique... La commune élabore la réglementation concernant l'assainissement individuel (latrines, fosses septiques, puisards) et initie toutes mesures de nature à en favoriser la promotion »*.

Ainsi, l'amélioration de l'hygiène et de l'assainissement constitue une priorité non seulement pour le législateur, mais aussi pour les autorités de la commune d'Abomey-Calavi d'après la place que cette amélioration occupe dans le plan de développement communal. Dans le cadre de l'exercice de ces compétences par les autorités de la commune d'Abomey-Calavi, un certain nombre d'activités sont prévues et d'autres réalisées.

Il s'agit de :

- créer et installer un service chargé de l'aménagement et de l'assainissement au niveau de la Mairie (le service est créé) ;
- élaborer et mettre en œuvre un système approprié de gestion des déchets (le système approprié est retenu);
- définir et veiller à l'application d'une réglementation locale sur la gestion des déchets (la réglementation est définie) ;
- étudier au sein de la commission paritaire (Calavi-Cotonou) la possibilité de créer une structure commune de gestion de la décharge de Hêvié (la structure est créée et un protocole d'accords signé).

L'insuffisance des moyens financiers fait que la mise en œuvre de ces activités soit prévue pour les années à venir.

Dans le cadre de la réalisation d'un environnement urbain assaini, il sera construit des ouvrages d'assainissement permettant d'améliorer l'évacuation des eaux pluviales. La population est appuyée dans la construction des fosses septiques individuelles par une assistance technique.

Quant aux activités de la commune dans le domaine d'aménagement foncier du territoire, l'article 84 de la loi N° 97-029 précitée, dispose : « *la commune élabore et adopte son plan de développement. Elle veille à son exécution en harmonie avec les orientations nationales en vue d'assurer les meilleures conditions de vie à l'ensemble de la population* ».

Dans ce cadre ;

1, elle élabore les documents de planification nécessaires notamment :

- le schéma directeur d'aménagement de la commune ;
- le plan de développement économique et social ;
- les plans d'urbanisme dans les zones agglomérées ;
- les règles relatives à l'usage et à l'affectation des sols ;
- les plans de détail d'aménagement urbain et de lotissement.

2, Elle délivre les permis d'habiter et les permis de construire

3, Elle assure le contrôle permanent de la conformité des réalisations et des constructions avec la réglementation en vigueur.

Pour l'article 85 de la même loi, la commune a compétence en matière d'habitat pour créer les conditions pouvant favoriser la promotion immobilière publique et privée.

Il ressort de ces dispositions que le législateur accorde aux autorités locales plein pouvoir d'agir en matière d'aménagement foncier. C'est dans ce cadre que les autorités de la commune d'Abomey-Calavi ont initié certaines actions en matière d'aménagement foncier du territoire communal.

Ces actions figurent dans le plan de développement de la commune d'Abomey-Calavi.

Il s'agit de :

- la dynamisation des opérations de lotissement ;

- le plan d'aménagement de référence pour le plateau d'Abomey-Calavi bien appliqué ;

- l'élaboration du schéma directeur d'aménagement et d'urbanisme du « Grand Cotonou » mis à profit par la commune ;

- les terres cultivables préservées (réduction contrôlée) ;

-les conflits domaniaux limités ;

- la mise à profit par la commune des grands projets d'infrastructures;

- les déchets produits au niveau de la commune sont bien gérés. Par ailleurs, certaines activités sont déjà réalisées. C'est notamment :

* élaboration d'un cahier de charges type pour les comités de lotissement ;

* renouveler les comités de lotissement sur la base du nouveau texte réglementaire ;

* renforcer les capacités du service des affaires domaniales.

Après les activités d'amélioration des conditions de vie des populations les autorités communales ont initié les activités pour le développement de l'économie et l'accroissement de la capacité de financement dans leur commune d'Abomey-Calavi.

<u>Paragraphe 2</u> : Le développement de l'économie et l'accroissement de la capacité de financement par les autorités communales

Sur le plan économique et conformément aux articles 105 et 107 de la loi N° 97-029 du 15 janvier 1999 précitée, les autorités communales entendent œuvrer pour une production durable et diversifiée (A) amélioration des moyens de production (B).

A- L'appui des autorités locales à une production durable et diversifiée

Les communes ont la tâche légale d'œuvrer pour le développement des activités économiques. *Le conseil d'État français est allé dans le même sens en confirmant l'intervention des communes sur le plan économique, dans son arrêt, préfet des Alpes de haute Provence*[77]. En effet, la commune d'Alpes de haute Provence a créé une société d'économie mixte locale, dont elle détient 80 % du capital pour l'exploitation du service public des remontées mécaniques. Cette société a essuyé des pertes importantes dues à la baisse de la fréquentation consécutive à l'enneigement.

Pour l'aider, la commune a consenti des avances de trésoreries, transformées ensuite en augmentation de capital et a simultanément abandonné sa créance en acceptant une réduction du capital social.

---

[77] CE 17 janvier 19694, préfet des Alpes de haute Provence, REC.18, GADD, 2001, p.405

Le conseil d'État français en infirmant le jugement du tribunal administratif de Marseille a estimé que la loi 1982-1983 approuvant le plan intérimaire pour 1982-1983 était toujours en vigueur et a sanctionné une erreur manifeste d'appréciation : les aides directes, indirectes au SEMEL (société d'économie mixte locale) devant respecter le régime général des aides accordées aux entreprises.

Pour le développement des activités économiques, les autorités de la commune d'Abomey-Calavi interviennent dans plusieurs activités dont notamment : l'agriculture, l'élevage et le tourisme.

S'agissant des domaines d'agriculture et d'élevage, on constate que les autorités communales ont accordé dans leur plan de développement communal une place à ces activités. Pour le développement de ces activités, la commune s'engage d'abord à appuyer les acteurs de six filières porteuses à savoir : ananas, aviculture, manioc, poisson, cultures maraîchères et anacarde. Dans ce cadre, une structure professionnelle des producteurs est fonctionnelle dans chacune de ces filières et dans tous les arrondissements concernés.

Ensuite, des plans d'eau de la commune sont mis en valeur et exploités. Pour y arriver, plus de cinq formations sont à l'intention des pêcheurs et pisciculteurs dans la commune. Encore, à partir de l'an 2009, tous les huit arrondissements producteurs de poissons disposent chacun d'un groupement professionnel fonctionnel des pisciculteurs / pêcheurs.

Pour la promotion de la filière ananas dans la commune d'Abomey-Calavi, certaines activités ont été menées à savoir :

- former techniquement les producteurs/productrices sur la qualité de l'ananas ;
- renforcer les capacités organisationnelles des producteurs/productrices ;
- former les producteurs/productrices à la gestion administrative et financière ;
- faciliter l'accès aux crédits pour les planteurs et les transformateurs / transformatrices.

Concernant les activités touristiques, un document de stratégie de promotion du tourisme est élaboré et exécuté. Les recettes touristiques liées aux activités touristiques dans la commune ont atteint un taux de 10 % en 2009.

D'ici quelques années, la commune consacrera au moins plus 3 % de son budget d'investissement pour la réalisation et aménagement des infrastructures touristiques, sportives et culturelles dans la commune. Pour assurer l'augmentation du taux de fréquentation de la commune par les touristes, des actions sont prévues comme l'aménagement des voies d'accès aux sites touristiques et la contribution à l'aménagement d'infrastructures d'accueil touristique.

Ainsi les productions relatives à l'artisanat, d'art et le nombre d'emploi vont s'accroître. Le développement de l'économie demande l'amélioration des moyens de production.

B- L'appui à l'amélioration des moyens de production

La loi portant organisation des communes en République du Bénin, dans son article 107 dispose que : « *la commune peut prendre des mesures et initier des investissements visant à promouvoir l'installation et le développement des activités économiques sur le territoire communal, notamment par l'aménagement de zones artisanales et de zones industrielles* ».

C'est en application de ce texte que les autorités de la commune d'Abomey-Calavi décident d'améliorer les moyens de production.

Pour cela, plusieurs activités initiées dans ce cadre entrent dans l'application du plan de développement communal.

Dans le but de promouvoir et de développer des activités économiques tel que prescrit par l'article 107 précité, les autorités se donnent pour mission de renforcer les moyens de conservation, de transformation et d'écoulement des produits agricoles. Dans ce cadre, plusieurs activités seront menées.

Il s'agit pour la commune d'Abomey-Calavi de :

- pour appuyer les acteurs des six filières porteuses (ananas, aviculture, manioc, poisson, cultures maraîchères et anacarde), un appui technique et financier a été apporté aux organisations professionnelles des six filières porteuses identifiées au niveau de la commune.

- pour développer et promouvoir les filières agricoles porteuses, une structure professionnelle des producteurs est fonctionnelle dans chacune des filières suivantes : ananas, cultures maraîchères, manioc, poisson et élevage, et dans tous les arrondissements ;

- un agent communautaire est formé pour les soins vétérinaires dans chaque village ;

- cinq formations sont organisées à l'intention des pêcheurs et pisciculteurs ;

- pour suivre et évaluer les activités des six filières agricoles porteuses, au moins une mission de suivi des activités des productions a été faite dans chaque filière porteuse.

Des recommandations sont faites pour améliorer et renforcer les capacités des acteurs évoluant dans les six filières retenues.

En 2007 une structure de micro-finance crédible a été identifiée afin de faciliter l'accès aux crédits pour les producteurs/productrices.

- sensibiliser la population des zones rurales sur l'impérieuse nécessité de préserver les terres cultivables;

- construire des aires d'abattage dans la commune d'Abomey-Calav i;

- développer la filière ananas, dans la commune d'Abomey-Calavi. Dans ce sens, des activités suivantes ont été réalisées :

* former techniquement les producteurs /productrices sur la qualité de l'ananas ;

* faciliter l'accès aux crédits pour les planteurs et les transformateurs / transformatrices. Ce qui fera sans doute accroître le nombre de producteurs.

Les autorités de la commune d'Abomey-Calavi ont réalisé un certain nombre d'activités dans le domaine du développement local, mais faute de moyens, elles n'ont pas atteint tous leurs objectifs.

Section II:
Les faiblesses de la décentralisation face au développement socio-économique et les recommandations

Toutes les collectivités décentralisées en général, comme la commune d'Abomey-Calavi en particulier, sont confrontées à plusieurs difficultés.

Dans cette partie, nous verrons les faiblesses de la décentralisation face au développement socio-économique (paragraphe 1) avant de faire des recommandations (paragraphe 2).

Paragraphe 1 : Les faiblesses de la décentralisation face au développement socio-économique

Les transferts de compétences sont accompagnés du transfert concomitant par l'État aux collectivités bénéficiaires des ressources et de biens nécessaires à l'exercice de ces compétences sur la base d'une évolution des charges préalables au transfert[78].

C'est l'insuffisance des ressources des communes et des biens permettant l'exercice de compétences transférées qui est à l'origine de la faiblesse de la décentralisation face au développement socio-économique. Pour apprécier cette insuffisance, nous allons analyser les ressources des communes (A) avant de voir les infrastructures (B)

[78] De LAUBADERE (A.), GAUDEMET (Y.) et VENEZIA (J-C.), op. cit., p195

A- Les ressources des communes

Pour accomplir les tâches et mission qui leur sont dévolues, les communes utilisent leurs ressources. Ces ressources sont de trois catégories. Il s'agit de : ressources humaines, les ressources matérielles et les ressources financières.

La décentralisation a pour conséquence la multiplication des collectivités infra étatique et comme corollaire l'accroissement du personnel de l'État et du besoin en cadres pour l'administration[79]. Les ressources humaines constituent la principale force et le levier de développement de la commune. Cependant, ce précieux capital est inégalement réparti sur l'étendue du territoire national.

C'est-à-dire que ces ressources, on les trouve plus dans les villes que dans les campagnes. Après le déséquilibre au niveau de la répartition spatiale de la population, les communes souffrent de manque de cadres. Cela fait aussi échec au développement socio-économique.

S'agissant des ressources matérielles, on peut retenir les potentialités naturelles. En effet, au Bénin en général, on y trouve quelques ressources naturelles. En dehors des vastes et riches terres agricoles peu exploitées et de nombreux sites touristiques non valorisés, le sous-sol béninois regorge de quelques gisements miniers.

---

[79] SEWE (J-H.), *La Décentralisation de l'administration territoriale et développement socio-économique en RPB*, Abomey-Calavi, ENA, 1987, p.25

Ces gisements se rencontrent dans beaucoup de régions du pays et se situent sur les territoires de certaines communes. Par contre, d'autres communes sont mal dotées par la nature.

Il y a encore un autre problème de locaux comme moyens matériels. L'insuffisance des locaux pour abriter les bureaux administratifs est l'une des grandes difficultés que rencontre l'administration dans la mise en pratique de la décentralisation. Quant aux ressources financières, nous avons :

- les ressources fiscales[80].

Les difficultés liées à l'insuffisance des ressources financières sont d'importance capitale. Les ressources proviennent en grande partie de la fiscalité locale. C'est-à-dire que le budget des collectivités est alimenté par des recettes fiscales.

Mais l'assiette fiscale communale est encore difficile à appréhender, cela parce que le patrimoine communal imposable reste du domaine de l'économie non structurée. La fiscalité locale doit subir des réformes préalables notamment le domaine foncier qui devra être la principale source de financement des communes.

Pour aider les communes à exercer leurs compétences, la loi comporte une obligation explicite de transférer une partie des impôts aux communes et de garantir leur bon fonctionnement à travers le principe de péréquation.

---

[80] Art. 9 et S. de la loi N° 98-007 du 15 janvier 1999

En effet, une taxe de développement local a été instituée, elle repose sur les richesses locales découlant des potentialités et spécificités socio-économiques de chaque commune. Elle s'étend ainsi sur les revenus des populations rurales qui sont essentiellement d'origine agricole.

- les ressources non fiscales

Les communes qui sont appelées à devenir de véritables centres de décision économique locale, leurs charges ne peuvent pas être couvertes seulement par les ressources fiscales. Pour cette raison, d'autres ressources pourront également provenir de l'exploitation des services publics locaux ainsi que du patrimoine domanial. En effet, les communes peuvent vendre ou louer certains de leurs biens. En plus, elles bénéficient des dons et legs et reçoivent des subventions des partenaires au développement.

La mauvaise gestion due à l'incompétence des cadres administratifs est un facteur aggravant de ces difficultés financières que les détournements excessifs de deniers publics viennent porter à leur pinacle.

Après ces ressources dont pourraient disposer les communes, nous pouvons ajouter les infrastructures communales.

B- Les infrastructures

L'un des défis majeurs de la décentralisation est la capacité des différentes collectivités décentralisées à se doter d'infrastructures susceptibles de promouvoir le développement local. Ce phénomène est très remarquable dans les petites communes qui sont confrontées à des difficultés de financement des infrastructures. La couverture des différentes régions en eaux potable reste avant tout, une question primordiale de santé publique mais on a constaté l'existence des grandes disparités en couverture du territoire national en eau potable.

S'agissant d'électricité, les disparités qui existent dans les différentes régions sont très remarquables. La relative faiblesse du nombre de ménages abonnés dans la plupart des départements témoigne l'insuffisance du dynamisme économique et du niveau de vie. Pour les infrastructures socio-éducatives, là, on constate que le Bénin, connaît un grand retard en matière d'éducation et d'alphabétisation des adultes.

Quant aux infrastructures de santé, on constate aussi une insuffisance, alors que l'article 100 de la loi N° 97-029 du 15 janvier 1999 dispose que : « *la commune a la charge de la réalisation de l'équipement et des réparations des centres publics de santé et de promotion sociale, des infrastructures publiques, culturelles, de jeunesse, de sport et loisirs, au niveau de l'arrondissement, du village ou quartier de ville. Elle assure en outre, l'entretien de ces centres et infrastructures* ».

Pour cette raison, l'insuffisance des infrastructures dans les collectivités locales reste un défi à relever, étant donné que l'importance des infrastructures sanitaires en matière de développement humain est vitale. Il s'agira alors de trouver les voies et moyens permettant de fournir aux populations quel que soit le lieu de leur résidence, des soins de santé de qualité. Ce qui pose la question de financement de ces infrastructures.

Comme solutions aux faiblesses de la décentralisation face au développement socio-économique, des recommandations ont été faites.

Paragraphe 2 : Les recommandations

Dans le cadre de notre étude sur les faiblesses de la décentralisation face au développement socio-économique, nous ne pouvons pas nous contenter de relever les faiblesses et les insuffisances, il faut aussi proposer les moyens pour un possible redressement.

C'est l'amélioration des ressources disponibles qui retiendra notre attention en premier lieu (A) et nous examinerons en second lieu la prise en compte des considérations économiques et non politiques pour la décentralisation. (B).

A- L'amélioration des ressources disponibles

Il s'agit ici de mener une action dans le sens de la qualification des agents de l'administration et de la mise à la disposition des collectivités de moyens financiers.

S'agissant de la qualification des agents de l'administration, la formation du personnel et des élus est indispensable et doit occuper une place de choix dans la mise en œuvre des politiques de décentralisation[81]. Que la formation s'adresse aux agents et cadres, ou aux élus, doit s'inscrire dans la durée, et être faite autant que possible sur le terrain, sous forme de compagnonnage, avec le souci constant d'allier savoir, savoir –faire et savoir être.

---

[81] CLAUZEL (J.),op.cit., p.19

Après la formation, il faut l'application rigoureuse de la théorie « *L'homme qu'il faut à la place qu'il faut* ».

L'application de cette théorie suppose que soient placés aux postes de responsabilité les agents qualifiés pour les occuper. La mauvaise gestion qui est l'un des maux les plus cuisants de l'administration trouve sa source dans la non application de cette théorie du moins en bonne partie.

L'efficacité de la décentralisation de l'administration territoriale ne s'arrête pas seulement à l'amélioration des ressources humaines, il faut aussi les moyens financiers.

L'amélioration des moyens financiers comporte au moins deux volets d'action : il y a d'abord l'assainissement des finances locales. Il s'agit d'assurer une bonne gestion des ressources financières locales.

Pour cela, les ordonnateurs en fonction dans les collectivités locales doivent être des agents qualifiés pour le poste qu'ils occupent. Il faut aussi que les agents qui occupent le poste d'ordonnateurs soient professionnellement conscients du devoir qui leur incombe. Les autorités centrales doivent savoir aussi que les possibilités de financement doivent être en adéquation avec les compétences confiées aux collectivités locales

Ensuite, pour l'amélioration des moyens financiers des collectivités locales, la mise en place d'une fiscalité locale devra faire appel à des concepts fondamentaux visant à :

* *permettre aux contribuables payeurs de taxe de faire un lien direct entre les services rendus, les coûts de ce services et les taxes prélevées afin de diminuer la part de l'informel dans la fiscalité du pays*[82] ;

* permettre la mise en place d'une base de taxation foncière et un système de tarification des services municipaux qui aideraient aussi à réduire le secteur de l'informel dans la fiscalité, en plus d'établir une péréquation qui pourrait s'avérer bénéfique.

Cette technique fiscale pourrait aider à stabiliser les finances publiques et permettre le financement des infrastructures locales sur les marchés financiers ;

* et enfin, mettre sur pied un plan de communication qui ira de pair avec les réformes proposées, tant pour l'administration publique que pour les citoyens.

Après l'amélioration des ressources disponibles, il faut aussi la prise en compte des considérations économiques et non politiques pour la décentralisation. Ceci pour permettre à la décentralisation d'atteindre son objectif de développement socio-économique.

[82] Jacques Gagnon, op.cit., p. 62

B- La prise en compte des considérations économiques et non politiques pour la décentralisation

Lorsque la décentralisation territoriale a pour base les considérations d'ordre politique, l'État n'a pas l'obligation de mettre à la disposition des collectivités locales les moyens économiques et financiers nécessaires pour le développement économique et social. Le but poursuivi par les autorités centrales peut être par exemple la mobilisation[83], l'organisation, l'encadrement politique, administratif et technique des populations. Par des considérations politiques, le recrutement des cadres ne se fait pas par mérite, mais au contraire par région, par parti politique,…

Le découpage territorial ou la délimitation des collectivités peut aboutir à des inégalités dans la représentation ou donner lieu à des manipulations politiques (découpage favorable à tel parti politique).

S'agissant de la prise en compte des considérations économiques, les critères devant servir de base pour la décentralisation territoriale devraient être d'ordre économique.

La prise en charge des finances locales par les collectivités elles-mêmes signifie par exemple que les taux des divers impôts et taxes qui alimentent le budget local soient déterminés par l'organe local compétent.

Que la création des collectivités décentralisées ou le découpage soit fait après une étude approfondie.

---

[83] SEWE (J-H),op. cit., p.35

En plus, ne doivent donc être regroupées en collectivités décentralisées que les localités pouvant avoir un intérêt économique et social commun. C'est-à-dire que l'administration territoriale devrait être conçue de manière à favoriser le développement socio-économique du pays.

Conclusion

L'étude sur la contribution de la décentralisation au développement local que nous venons de faire, nous a permis de constater la nécessité de la décentralisation pour le développement local.

La décentralisation est un thème d'actualité. Mais cette association de la décentralisation et du développement local dans une relation de cause à effet n'a cependant rien de nouveau. Une descente aux archives révèle que ce n'est pas la première fois que la décentralisation, parée de vertus de développement, est proposée comme solution aux difficultés économiques des pays africains.

En 1964, les Nations Unies rendaient publique une étude intitulée : « *La décentralisation en vue du développement national et local* ». Après cette étude, les Nations Unies ont demandé aux gouvernements de décentraliser le plus vite possible, les pouvoirs de décisions pour accélérer leur développement économique et social et pour donner aux programmes un effet durable.

Les autorités des collectivités décentralisées représentent et défendent les intérêts des populations. En plus, elles orientent la vie publique locale en suivant le plan de développement local. En permettant d'obtenir plus facilement l'adhésion des populations aux politiques locales, la décentralisation favorise la mobilisation fiscale du contribuable à renflouer les caisses de l'État.

Cette contribution peut être obtenue grâce à une meilleure adaptation des services publics aux préférences des populations locales. Le développement local fait partie des objectifs de la décentralisation, mais pour atteindre cet objectif, un certain nombre de conditions doivent être respectées. C'est d'abord, le cas de la gouvernance locale qui demande la participation des populations à l'élaboration et à l'exécution des politiques nationales et locales de développement.

Cette gouvernance locale facilite aussi des initiatives à la base. Mais pour y arriver, il faut aussi l'implication des compétences de l'État, cela par la tutelle administrative

Ensuite, il faut le renforcement de l'administration des communes par la mise à la disponibilité des communes, des ressources humaines compétentes. Du côté des populations, il faut une reconversion des mentalités pour donner la priorité à l'intérêt général sur les intérêts privés partisans ou de région.

Et enfin, la volonté politique des dirigeants actuels de réaliser une décentralisation authentique. Cette volonté suppose que l'État accepte réellement de se départir de certaines prérogatives en faveurs de collectivités et de doter celles-ci de ressources financières indispensables à l'exercice effectif de compétences qui seront transférées.

C'est-à-dire, le transfert de compétences du pouvoir central aux collectivités locales doit être accompagné du transfert concomitant de ressources et de biens nécessaires à l'exercice de ces compétences.

Mais on a constaté que les transferts de compétences, en principe accompagnés d'un transfert de fonds, ont accusé des retards, des insuffisances et des contradictions qui, visiblement freinent, voire paralysent le processus de gestion décentralisée.

On conclura cette étude en disant que compte tenu des moyens humains, financiers et matériels qui sont laissés aux collectivités locales pour assurer leur autonomie financière, on est en droit de craindre un échec du développement local souhaité par la décentralisation.

Alors que la décentralisation apparait comme une des solutions à la crise de gouvernabilité des Etats africains, et une condition nécessaire à l'enracinement de la démocratie et du développement.

Pour éviter cet échec, sur le terrain, au delà de tout, c'est d'abord sur l'esprit d'initiative et de sacrifice, la probité, l'engagement sincère et la capacité de mobilisation des élus locaux qu'il faut compter pour garantir la viabilité et l'émergence rapide des collectivités. En d'autres termes, la gestion des affaires locales manque de transparence. Pour cela, il convient de prendre les mesures requises dans le sens d'une bonne gouvernance.

A cet effet, la chambre des comptes de la cour suprême qui est un corps de contrôle pour les vérifications des comptes de l'État devra aussi descendre au niveau des communes pour un contrôle à posteriori des comptes.

La prise en considération de ces observations permettra à la décentralisation de mieux contribuer au développement local.

BIBLIOGRAPHIE

I : Ouvrages généraux

1. **ARDANT (PH.)**, *Institutions politiques et Droit constitutionnel,* 15ème éd., Paris, LGDJ, 2003, 616 P.

2. **CORNU (G.),** Vocabulaire juridiques, 1ère éd., Paris, PUF, 1987, 839p.

3. **DE LAUBADERE (A.), GAUDEMET (Y.) et VENEZIA (J-C.)**, *Droit administratif,* 16ème éd., Paris, LGDJ, 1999, 437 P.

4. **GRIOGORI (L.) et MOULAND (A.),** *Développement local et communauté rurale*, Paris, KARTALA, 2002, 366 P

5. **GUILLIEN (R.) et VINCENT (J.)**, *Lexique des termes juridiques*, 12ème Ed., Paris, Dalloz, 1999, 561 P.

6. **Mission de décentralisation**, *Le Guide du maire*, Cotonou, 2005, 150 P.

7. **NACH MBACK (C.)**, *Démocratie et décentralisation*, Paris, Karthala et PDM, 2003, p.31

8. **TRUOVET (L.), TERTENDET (J.) et CORNET (C.)**, *Les Grands arrêts du droit de la décentralisation*, 2ème éd., Paris, Dalloz, 2001, p.673

II : Ouvrages spécialisés

1. **BILLAZ (R.), TOTTE (M.) et DAHOU (T.)**, *La Décentralisation en Afrique de l'ouest entre politique et développement*, Paris, Karthala, 2003, 402.

2. **COMMUNE D'ABOMEY-CALAVI**, *Plan de développement communal* (2005-2009), calavi, 2005, 78 p.

3. **COMMUNE D'ABOMEY-CALAVI**, *Programme annuel d'investissement 2005*, Calavi, mars 2005, p. 35

4. **GAGNON Jacques**, *Cours de gestion du développement local et international*, Chaire UNESCO, DESS en gouvernance et démocratie, FADESP, UAC, 2005-2006, 270 P.

5. **LA MAISON DES COLLECTIVITES LOCALES**, *Module de développement local,*_Cotonou, 2004, 40 P.

6. **PDM**, *Politique économique et développement local durable*, séminaire organisé du 15 au 16 mai 2000 à Windhoek, Cotonou, PDM, 2000, 222 P.

III : Les articles de doctrines

1. **BRUNET (F.),** *La Décentralisation en Afrique subsaharienne*, Rapport du secrétariat d'État à la coopération, Paris, ISBN, 1997,72p

2. **CLAUZEL (J.)** *Données, enjeux et techniques de la décentralisation en Afrique*, acte d'un séminaire sur la

décentralisation en Afrique de l'ouest, organisé par le PDM à Ouagadougou du 5 – 8 Avril 1994, Cotonou, CEDA,1994, 332 P.

3. **ELONG MBASSI (JP.)**, *Municipalités Africaines et développement économique local*, séminaire organisé par PDM à Niamey du 26 au 29 Avril 1993, Cotonou, CEDA, 199, 246 P

4. **HUSSON (B.),** *le Développement local*, Revue Agri doc N° 1 Lyon, CIEDEL, 2001, 5p.

5. **JOHNSON (G.),** « *Architecture de la reforme de l'administration territoriale et aperçu des expériences béninoises en matière de décentralisation* », Hearing sur le cadre légal de la décentralisation de l'administration territoriale par la commission des lois de l'Assemblée nationale du Bénin Cotonou du 25 au 26 juin 1996

6. **LANGLEY (PH.) et MANDJANAGNI (A.)**, *Les premiers pas des communes du Bénin,* Cotonou, CEDA, 2005, 77p.
7. **NEU (D.),** *Développement local et décentralisation point de vue, GRET, 2003, 8P.*
8. Rapport des Nations Unis, *Décentralisation en vue du développement national et local*, New York, 1964

IV : Les textes juridiques

1. **Code Général** des collectivités territoriales, Communes, Départements et Régions, 13ème Ed., Paris, Dalloz, 1999,1801 p

2. **MISAT**, *Etats généraux de l'administration territoriale,* Cotonou, 7, 8,9, et 10 janvier 1993, 208 p.

3. **MISSION DE DECENTRALISATION**, *Recueil des lois sur la décentralisation,* Cotonou, septembre 2002, 172 p

4. **Arrêt N°146/MISAT /DC/SG/DGAT** du 10 septembre portant organisation et fonctionnement de la direction générale de l'administration territoriale

5. Décret N°97-254 du 23 mai 1997 portant création, organisation, attribution et fonctionnement de la mission de décentralisation

6. **Décret N° 2000-524** du 20 octobre 2000 portant modification du décret N° 97-254 du 23 mai 1997 portant création, organisation, attribution et fonctionnement de la mission de décentralisation.

7. **Décret N° 97/272** du 9 juin 1997 portant création de la maison des collectivités locales.

V: Mémoires

1. **AUBENAS (K). Et HOUINSINOU (P)**, *Contribution des ONG au développement en Rép. du Bénin : cas de l'association française des volontaires du progrès (AFVP)*, Abomey-Calavi, ENA, 2000, 54 p.

2. **SEWE (J-H.),** *La Décentralisation de l'administration territoriale et développement socio-économique en RPB*, Abomey-Calavi, ENA, 1987, 41 P

3. **YEKINI (A.) et YEKPE (R.)**, *Contribution du PDM au renfoncement de la décentralisation en Afrique de l'ouest et du centre*, Abomey-Calavi, ENA, 1998, 62 P.4

TABLE DES MATIERES

Questions juridiques aux éditions L'Harmattan

Dernières parutions

COMMERCE ET INTERNET. COMPRENDRE LES RÈGLES JURIDIQUES
Benarab Armel
Cet ouvrage explique clairement les règles juridiques concernant l'e-commerce afin de les rendre compréhensibles et accessibles à tous. Consommateurs et commerçants trouveront des réponses précises aux interrogations suscitées par les principales opérations contractuelles : droits liés aux achats sur Internet, réglementation en vigueur pour protéger une marque ou un produit... chacun pourra ainsi tirer meilleur profit d'Internet.
(15.00 euros, 136 p.) ISBN : 978-2-336-00496-9, ISBN EBOOK : 978-2-296-50961-0

QU'EST-CE QUE PUNIR ? – Du châtiment à l'hypersurveillance
Ferry Tony
Qu'est-ce que punir ? Quels sont les traits distinctifs des mesures de placement sous surveillance électronique par rapport au geste classique de l'emprisonnement ? Ce livre jette un pont entre théorie et pratique, recherche fondamentale et expérience professionnelle. Il s'inscrit dans une démarche de pensée libre qui tend à comprendre et à discuter le monde des pénalités d'aujourd'hui. Et ce qu'il dessine n'est autre que l'avènement de l'hypersurveillance.
(Coll. Questions contemporaines, 26.50 euros, 256 p.)
ISBN : 978-2-336-00615-4, ISBN EBOOK : 978-2-296-50802-6

CONSÉQUENCES DES RUPTURES CONJUGALES ENTRE NORD ET SUD DE LA MÉDITERRANÉE
Bouchareb-Cassar Hafida - Préface de François Boulanger
L'étude des relations juridiques transfrontalières et de leurs effets (divorce, répudiation, don de consolation, obligations alimentaires, autorité parentale, enlèvements internationaux d'enfants...) permet de souligner la diversité des droits. Comment l'espace judiciaire européen appréhende-t-il le phénomène des ruptures conjugales ? Comment gérer les divergences des droits des Etats du Maghreb avec ceux des droits européens ?
(Coll. Logiques Juridiques, 49.00 euros, 512 p.) ISBN : 978-2-296-96092-3, ISBN EBOOK : 978-2-296-50905-4

ÉCLAIREURS (LES) DU PÉNAL
IRASCible 3
Collectif
De Proudhon à Bentham en passant par Benjamin Constant, c'est autant la légitimité du droit de punir que la vérité judiciaire qui sont mis en question. Quant à Feuerbach, il s'est efforcé de mettre le droit processuel au service du

peuple. Ce numéro est consacré à ces auteurs, qui, en ces temps obscurs de restauration monarchique, morale et religieuse, furent les nouveaux «éclaireurs» du pénal.
(32.50 euros, 328 p.) ISBN : 978-2-336-00456-3, ISBN EBOOK : 978-2-296-50985-6

VIOL Le procès d'Aix-en-Provence
Précédé de *Le Crime* de Gisèle Halimi
Halimi Gisèle
En 1978 le procès pour viol d'Aix-en-Provence a mobilisé l'opinion publique : deux jeunes filles, Anne et Araceli, ont été violées à plusieurs reprises par trois hommes. Gisèle Halimi plaide, au nom du collectif juridique *Choisir la cause des femmes*. Les victimes restent jusqu'au bout des suspectes et la défense se construit sur l'hypothèse du consentement des victimes. Gisèle Halimi permet, pour la première fois, de faire un point lucide sur ce crime qui demeure aujourd'hui encore un tabou.
(29.00 euros, 418 p.)
ISBN : 978-2-296-99444-7, ISBN EBOOK : 978-2-296-50587-2

VICTIMOLOGIE. DE L'EFFRACTION DU LIEN INTERSUBJECTIF À LA RESTAURATION SOCIALE (4e édition)
Cario Robert
Après avoir connu un «âge d'or» jusqu'à la fin du Moyen-Age, les victimes sont tombées dans les « oubliettes « du système de justice pénale. Depuis quelques années, un cadre normatif respectueux de leurs droits se construit. Centrée sur la personne de la victime et de l'infracteur, auxquels elle restitue la régulation du conflit, la justice restaurative apparaît comme la voie la plus prometteuse de restauration sociale des intéressés.
(Coll. Sciences criminelles, série Traité de sciences criminelles, 27.00 euros, 268 p.) ISBN : 978-2-336-00424-2, ISBN EBOOK : 978-2-296-50649-7

RÉSISTANCES (LES) CARCÉRALES, DU COMMENT AU POURQUOI – Une approche juridique et pluridisciplinaire
Noali Loup - Préface de Martine Herzog-Evans ; postface de Reynald Ottenhof
Cette recherche porte sur les résistances opposées par les détenus au système carcéral. Partant d'une expérience de l'enfermement, l'auteur propose une analyse pluridisciplinaire (droit, sociologie, psychologie, psychiatrie, philosophie) tentant de rendre son regard d'usager sur cette institution et son milieu. Il est convaincu que les résistances sont déterminantes et essentielles pour l'évolution de la condition pénitentiaire et le devenir des condamnés.
(Coll. Logiques Juridiques, 54.00 euros, 620 p.)
ISBN : 978-2-296-99628-1, ISBN EBOOK : 978-2-296-50775-3

RISQUE (LE) TECHNOLOGIQUE MAJEUR À L'ÉPREUVE DU DROIT (2 tomes)
Nicolet Jean-Louis - Préface de Patrick Lagadec ; postface d'Hervé Serieyx
Cet ouvrage montre concrètement comment chaque accident technologique majeur est confronté au droit, à partir d'une étude conduite sur de nombreux

jugements concernant des secteurs industriels variés. Il met en valeur la nécessité de séparer la phase de reconstitution de la séquence accidentelle de celle de la recherche des responsabilités, deux approches hélas confondues dans la procédure pénale actuelle. D'où les évolutions proposées.
(Tome 1, 50.50 euros, 552 p.)
ISBN : 978-2-336-00271-2, ISBN EBOOK : 978-2-296-50541-4
(Tome 2, 31.00 euros, 302 p.)
ISBN : 978-2-336-00272-9, ISBN EBOOK : 978-2-296-50542-1

DROIT CONSTITUTIONNEL DE LA Ve RÉPUBLIQUE
(Douzième édition)
Lascombe Michel
S'adressant aux étudiants en droit et AES ainsi qu'aux élèves des Instituts d'études politiques et aux candidats aux concours administratifs, cet ouvrage couvre l'essentiel du programme de droit constitutionnel, c'est-à-dire aussi bien les constitutions françaises depuis 1789 que l'actuel texte constitutionnel. Cette nouvelle édition tient compte des changements les plus récents.
(Coll. Logiques Juridiques, 42.00 euros, 512 p.)
ISBN : 978-2-336-00346-7, ISBN EBOOK : 978-2-296-50665-7

DROIT ADMINISTRATIF – L'angle jurisprudentiel – (4e édition)
Gros Manuel
Traitant du programme de 2e année en droit administratif général, cet ouvrage donne également un éclairage particulier au pouvoir du juge administratif sur la fixation du droit administratif français et sur son rôle prédominant dans l'essence même du droit administratif. Utilisable comme un manuel classique, voici également une réflexion approfondie sur l'évolution et l'adaptation d'un droit spécifique à son environnement.
(Coll. Logiques Juridiques, 34.00 euros, 400 p.)
ISBN : 978-2-336-00616-1, ISBN EBOOK : 978-2-296-50768-5

RÔLE (LE) DU DÉPARTEMENT DANS L'ADOPTION
Niemiec-Gombert Amélie - Préface de Françoise Dekeuwer-Defossez
Depuis la décentralisation, les prérogatives départementales en matière d'adoption n'ont fait que se renforcer. Cette collectivité territoriale, devenue un acteur incontournable de l'adoption, intervient à tous les niveaux, du côté de la famille biologique de l'enfant, des familles adoptives, ou encore des enfants adoptables ou adoptés. En raison des nouvelles problématiques liées à la spécificité de la filiation adoptive, ce rôle est encore appelé à se développer.
(Coll. Logiques Juridiques, 55.00 euros, 622 p.)
ISBN : 978-2-336-00353-5, ISBN EBOOK : 978-2-296-50695-4

VIOLENCE ET DROIT
Sous la direction de Raphaël Brett, Guillaume Delmas, Anne Michel et Noé Wagener. Avant-propos de Camille Broyelle
Le constat est bien connu : la violence existe en droit. Elle n'est pas seulement l'objet contre lequel le droit lutte. Elle est aussi, de façon moins immédiatement perceptible, un moyen et une conséquence du droit. Le rapport dialectique entre

droit et violence invite donc à s'interroger sur les liens tout à la fois d'assimilation de la violence par le droit et de mise à distance de la violence par le droit.
(Coll. Presses Universitaires de Sceaux, 18.00 euros, 180 p.)
ISBN : 978-2-336-00422-8, ISBN EBOOK : 978-2-296-50664-0

CONTRACTUALISATION (LA) DES DROITS FONDAMENTAUX
Dijoux Ruth
Pendant longtemps rattachés au droit public, les droits fondamentaux bouleversent aujourd'hui le droit privé français et notamment le droit des contrats. Si certains considèrent que la présence des droits fondamentaux dans le contrat est favorable aux contractants faibles, l'avènement de ces droits en la matière présente un tout autre intérêt, le contractant bénéficiant de fait d'un droit de renoncer à ses droits.
(Coll. Logiques Juridiques, 52.00 euros, 590 p.)
ISBN : 978-2-296-96283-5, ISBN EBOOK : 978-2-296-50474-5

OUTRE-MER ET DEVISE RÉPUBLICAINE
Sous la direction de Pierre Lise et Ferdinand Mélin-Soucramanien
Les rapports entre les outre-mer et la République française sont ambigus, faits d'attirances réciproques et parfois de rejets violents. Ce livre confronte la réalité institutionnelle, économique, politique et sociale des outre-mer à l'ambitieux programme affiché par l'article 72-3 de la Constitution française qui dispose que : «La République reconnaît, au sein du peuple français, les populations d'outre-mer, dans un idéal commun de liberté, d'égalité et de fraternité».
(Coll. Logiques Juridiques, 23.00 euros, 232 p.)
ISBN : 978-2-296-99693-9, ISBN EBOOK : 978-2-296-50392-2

SOCIÉTÉ ET DROIT – La gouvernance des conflits
Palermo Giovanna
Le conflit possède une dimension relationnelle puisqu'il implique une divergence entre deux ou plusieurs individus, aux positions et aux intérêts apparemment inconciliables. Mais il y a aussi les exigences du partage et de la coexistence. En ce sens, tout conflit peut être l'occasion pour reconstruire ou pour modifier les rapports avec les autres, du moins s'il est affronté de manière constructive.
(Coll. Harmattan Italia, 16.00 euros, 120 p.)
ISBN : 978-2-296-55787-1, ISBN EBOOK : 978-2-296-50462-2

DE COMITATIBUS. L'ORIGINE ET LE RÔLE DE LA COMITOLOGIE DANS LA POLITIQUE AGRICOLE COMMUNE
Ou la chaîne de transmission du droit agricole de l'Union
Bianchi Daniele - Préface de Claude Blumann
Procédure encadrant l'exercice des compétences d'exécution conférées à la Commission européenne, la comitologie est souvent considérée comme la source du pouvoir de l'Eurocratie. Cet ouvrage entame un voyage dans le temps en partant du traité de Rome de 1957 jusqu'au traité de Lisbonne de 2009 et à la nouvelle comitologie adoptée en mars 2011 afin de découvrir l'origine et tracer l'évolution de la comitologie dans le cadre de la Politique agricole commune.
(Coll. Droit et Espace Rural, 51.00 euros, 564 p.)
ISBN : 978-2-296-99284-9, ISBN EBOOK : 978-2-296-50353-3

L'HARMATTAN, ITALIA
Via Degli Artisti 15; 10124 Torino

L'HARMATTAN HONGRIE
Könyvesbolt ; Kossuth L. u. 14-16
1053 Budapest

ESPACE L'HARMATTAN KINSHASA
Faculté des Sciences sociales,
politiques et administratives
BP243, KIN XI
Université de Kinshasa

L'HARMATTAN CONGO
67, av. E. P. Lumumba
Bât. – Congo Pharmacie (Bib. Nat.)
BP2874 Brazzaville
harmattan.congo@yahoo.fr

L'HARMATTAN GUINÉE
Almamya Rue KA 028, en face du restaurant Le Cèdre
OKB agency BP 3470 Conakry
(00224) 60 20 85 08
harmattanguinee@yahoo.fr

L'HARMATTAN CAMEROUN
BP 11486
Face à la SNI, immeuble Don Bosco
Yaoundé
(00237) 99 76 61 66
harmattancam@yahoo.fr

L'HARMATTAN CÔTE D'IVOIRE
Résidence Karl / cité des arts
Abidjan-Cocody 03 BP 1588 Abidjan 03
(00225) 05 77 87 31
etien_nda@yahoo.fr

L'HARMATTAN MAURITANIE
Espace El Kettab du livre francophone
N° 472 avenue du Palais des Congrès
BP 316 Nouakchott
(00222) 63 25 980

L'HARMATTAN SÉNÉGAL
« Villa Rose », rue de Diourbel X G, Point E
BP 45034 Dakar FANN
(00221) 33 825 98 58 / 77 242 25 08
senharmattan@gmail.com

L'HARMATTAN TOGO
1771, Bd du 13 janvier
BP 414 Lomé
Tél : 00 228 2201792
gerry@taama.net

Achevé d'imprimer par Corlet Numérique - 14110 Condé-sur-Noireau
N° d'Imprimeur : 94015 - Dépôt légal : janvier 2013 - *Imprimé en France*